AF368821

Invencible:
8 secretos para ser feliz

Invencible:
8 secretos para ser feliz

Manuel Bueno Abalo

ÍNDICE

A mis hijos. Y a Beatriz.

INTRODUCCIÓN

La felicidad no es un regalo de la fortuna, sino que se consigue mediante el esfuerzo.

A continuación, nuestro sabio, llamémosle Séneca 2.0, rejuvenece sus viejas palabras, conversa con gente de hoy en día y los aconseja acerca de cómo hemos de conducirnos en la vida para ser libres y felices.

Venimos al mundo sin entender cuál es nuestra función en esta vida, y la malgastaremos si nos dejamos llevar por el rebaño. No será fácil liberarnos de la presión cultural y social que nos tiene paralizados, pero desde el mismo momento en que fuimos concebidos nos fue otorgada la posibilidad de poder elegir qué hacer con nuestras vidas. Así pues, ejerzamos esa facultad para navegar por la vida libres y en una tranquila alegría.

A partir del momento en que aceptemos que es necesario un cambio en nuestras existencias empezaremos a vivir en libertad. A partir de ahí, podremos llegar a apreciar la belleza de todo lo que nos rodea, lo que nos permitirá respetarnos más a nosotros mismos y, sobre todo, a los demás.

Todo lo que puede suceder, sucederá por la mejor de las razones; por tanto, disfrutemos del camino sin temor. El miedo, la ira, la enfermedad, incluso los deseos están fuera de nuestro control la mayor parte de las veces, entendamos entonces que lo más precioso y todo lo que nos lleva a la verdadera felicidad está dentro de nosotros.

Seguidamente, podrás aprender cómo enfrentar la muerte, cómo usar la riqueza, cómo ayudar, cómo no ser esclavo de las pasiones ni de los miedos, cómo disfrutar de tu ocio, cómo enfrentar la adversidad, cómo la vida que nos tocó vivir es breve si no hacemos buen uso del tiempo que nos fue otorgado, y, sobre todo, aprenderás cómo se puede ser feliz.

Solo los virtuosos pueden vivir en libertad.

BENJAMIN FRANKLIN

I. AL TENAZ

«No hay nadie más infeliz que aquel al
que nunca ha sucedido revés alguno».

Veo con placer y aprobación la tenacidad y el esfuerzo con los que intentas convertirte cada día en una mejor persona. Yo no me limito a instarte a que perseveres en esto; de hecho, te lo imploro. Sin embargo, déjame darte este consejo: evita ciertas actitudes que llamen la atención en tu forma de vivir, como hacen aquellos que no desean el progreso interior, sino la admiración.

¿Por qué nos surgen inconvenientes? Las adversidades forman parte natural de la vida y hay que aceptarlas y vencerlas.

De la misma manera que los ríos, cuando vierten su agua en el mar, no cambian ni la temperatura ni la salinidad del mar, las adversidades nos llegarán, pero no nos deben alterar. La persona firme mantendrá el equilibrio y se sobrepondrá ante los infortunios, porque él es más fuerte que las circunstancias; todas las adversidades serán pruebas y experiencias de valor.

Y no digo que no las sienta, sino que él las conquista; calmo y sereno, las despreciará tomando todos sus males como pruebas de su firmeza. ¿Quién es aquel al que llaman valiente y se dice hombre que no desea enfrentarse al destino, incluso en la incertidumbre del resultado? ¿Quién es aquel al que llaman esforzado para el que el sillón no es un castigo? Los grandes deportistas no se mantienen ociosos, por ser el ocio para ellos un castigo, sino que buscan competir y enfrentarse siempre a los más fuertes para conocer sus límites. No pueden probar lo grandes y poderosos que son hasta después de haber vencido. ¿Qué valor podrían tener sus victorias si en cada final que disputaran no tuvieran rival enfrente y le entregaran el trofeo solo por salir a la pista? Se sentirían unos infelices, porque no habrían tenido adversario que les pusiera a prueba y que les mostrara sus límites.

Debemos saber que las personas buenas actúan de esa manera, y no amedrentarnos ante circunstancias adversas y difíciles ni quejarnos del destino; lo que nos ocurra, démoslo por bueno, convirtámoslo en bien. Lo que importa no es lo que soportas, sino cómo lo soportas.

Los buenos padres ordenan a sus hijos comenzar pronto en la mañana las tareas, no los liberan de trabajos y esfuerzos los fines de semana, los ejercitan hasta lo que consideran sus límites e incluso les hacen alcanzar el llanto mientras que los malos padres quieren tenerlos cerca en su regazo, no les permiten jugar en los caminos ni que estén tristes ni llorar ni trabajar. El destino quiere lo mejor para nosotros y, como los buenos padres, nos ejercita con trabajos, sufrimientos y pérdidas para que adquiramos nuestra verdadera fortaleza. Aquellos a los que se les permite engordan en la desidia y se descomponen ya no solo por el trabajo, sino por su propio movimiento y por su propio peso. Una prosperidad inmerecida no soporta el menor golpe; aquel que ha luchado de forma continua contra las adversidades ha endurecido el alma, e incluso si le toca caer, luchará de rodillas. ¿Te extrañas de que el destino, que ama a los mejores, no te entregue reveses con los que puedas ejercitarte? No me sorprendo cuando veo a los mejores disputar contra las adversidades.

Veo que sigues mis consejos cuando escucho que has aprendido a disfrutar sufriendo. Navegar por la vida en calma y con la fortuna de nuestro lado es querer engañarse de lo que es la vida.

Continuando con mi argumento, probaré que lo que aparentan ser males no lo son; por ahora, afirmaré que a lo que puedes llamar adversidades, infortunios o desgracias son en verdad ventajas, primero para todos lo que las sufren y, segundo, para toda la humanidad. Añadiré que los infortunios acontecen de acuerdo con el destino y le suceden a los mejores por la misma regla de ser los mejores. Después de esto, te persuadiré de que no compadezcas nunca a una persona buena, porque podría ser llamado infeliz, cuando no lo es.

De todas las proposiciones que te he planteado, la primera parece la más difícil de probar, es decir, que las cosas que nos horrorizan y nos agitan son en verdad provechosas para quien las soporta. Entre las expresiones que más recuerdo y que aún perviven en mi memoria está la que afirma que «no hay nadie más infeliz que aquel al que nunca ha sucedido revés alguno», pues, en efecto, no ha tenido la oportunidad de ponerse a prueba.

El valor busca las adversidades y piensa más en superarlas que el daño que pueda sufrir, porque el dolor forma parte de la gloria. Los guerreros se sienten orgullosos de sus heridas y alardean de la sangre que mana de ellas por un motivo honorable. Los valientes soldados que vuelven ilesos de la guerra recibirán menos gloria que los que vuelven heridos.

¿Es desdichado aquel que abandonó la fama para cavar con sus manos la tierra por luchar igualmente, ahora contra la codicia y antes por el triunfo en las pistas, y porque sentado al lado del fuego, aquel viejo triunfador cena los alimentos que él mismo ha arrancado del suelo? ¿Acaso sería más dichoso si juntara en su estómago peces de remotas riberas, las frutas más exóticas o las carnes más delicadas? ¿Es desdichado Sócrates por tomar la bebida que el Estado le asignó, como si fuera una pócima para la inmortalidad, y debatió sobre la muerte hasta la propia muerte? La providencia pondrá a prueba tu valía en la adversidad; valorarás al piloto en la tormenta, al soldado en la batalla o a ti, descendiente directo de Hércules, rindiendo homenaje al valor de los dioses en tus competiciones.

Conseguir las cosas por las que te has esforzado te hará feliz, pero te hará más feliz aún recordar el trabajo necesario para lograrlas. Los grandes soldados disfrutan con la adversidad, al igual que las grandes personas como tú.

Es admirable cómo honras a tu familia y disfrutas de su presencia. Has sabido sobreponerte al divorcio de tu esposa, pero, te lo ruego, no te asustes ante aquellas cosas que la providencia aplica como aguijones para nuestras almas: una adversidad es una oportunidad para el valor.

¿Cómo sabré con qué espíritu te enfrentarás a la pobreza si te revuelcas en la riqueza? ¿Cómo diré con qué firmeza te enfrentarás a la desgracia, al odio público, al deshonor, si envejeces entre aplausos, si la gente te adora y eres el hombre que desearían las madres para sus hijas? ¿Cómo sabré con qué ecuanimidad soportarías la pérdida de tus hijos si no los tienes? Te he escuchado ofrecer consuelo a otros; si te los hubieras estado ofreciendo a ti mismo, si te hubieras estado diciendo a ti mismo que no te lamentaras, entonces yo podría haber visto tu verdadero carácter.

Justamente se llamará infelices a los que están embotados por un exceso de fortuna y permanecen en calma parados en un mar tranquilo. Cuando algo les suceda, les tomará indefensos. Las adversidades acongojarán más a los que menos las soportaron. El recluta se tornará pálido al pensar en la herida mientras que el veterano, que sabe que la sangre acompaña a la victoria, aumentará en valor al verla brotar. A todos estos, por un largo tiempo dichosos, les llegará su momento.

Recuerda la sabiduría de tus mayores cuando te recuerdan que huyas del lujo, de la prosperidad por los que las mentes se ablandan y, si nada interviene para recordarles su condición humana, se hunden en una interminable embriaguez. Aquel al que las ventanas protegen de los vientos, al del hogar siempre cálido, a aquel que vive en la permanente prosperidad, una ligera brisa no lo rozará sin peligro.

Mientras todos los excesos son perniciosos, el peor de todos es la buena fortuna. Excita el cerebro, evoca vanas fantasías y genera una niebla intensa que impide diferenciar entre la falsedad y la verdad. ¿No sería mejor soportar una desdicha con la ayuda del valor que estallar de bienes infinitos? Morir de hambre es suave, pero de hartarse los hombres explotan.

Los dioses siguen la misma regla con las personas buenas que los maestros con sus alumnos: demandan más esfuerzo a aquellas en las que tienen mayores esperanzas. Entonces, ¿qué tiene de extraño que la providencia pruebe con severidad los ánimos de aquellos de los que más espera? Probar el valor nunca es fácil. Si la fortuna nos golpea y nos machaca, soportémoslo; no es crueldad, sino una prueba; cuanto más a menudo la entablemos, más fuertes seremos. La parte más firme del cuerpo es aquella que se mantiene en uso constante. Debemos ofrecernos a la fortuna para que, oprimidos por ella, nos endurezca; gradualmente, nos hará iguales a ella y la frecuencia del peligro nos hará despreciarlo.

Los cuerpos de los marineros son duros para poder soportar el mar, así como las manos de los agricultores son recias, endurecidas por el trabajo, los músculos del soldado son vigorosos para llevar armas y tu mente es tenaz para vencer en tus competiciones; en cada uno, su miembro más fuerte es el que ha ejercitado. Soportar el sufrimiento es la mejor forma de que nuestra mente llegue a despreciarlo.

¿Por qué, entonces, se extrañan algunos de que los hombres buenos sean sacudidos para que puedan crecer fuertes? Ningún árbol es fuerte y firme a menos que sea sacudido por fuertes vientos, porque se endurece por el mismo acto que lo violenta y le obliga a clavar sus raíces más firmemente; son frágiles aquellos que han crecido en un valle soleado. Es, por lo tanto, provechoso para los hombres buenos, para que puedan no tener miedo, vivir mucho en medio de las adversidades y aprender a soportar con entereza lo que no son desgracias, sino que solo lo son para quien mal las tolera.

Recuerdo haber oído estas palabras:

> Una sola queja —decía— tengo contra vosotros, dioses inmortales: que no me hicisteis conocer antes vuestra voluntad, pues en tal caso me hubiera adelantado a estas situaciones para las que ahora comparezco, llamado por vosotros. ¿Queréis tomar mis hijos? Fue para vosotros para quien los crie. ¿Queréis alguna parte de mi cuerpo? Cogedla; no es gran cosa lo que os adelanto: pronto he de abandonarlo entero. ¿Queréis mi vida? ¿Cómo voy a aplazar en entregaros lo que me habéis dado? Con gusto pondré en vuestras manos cuanto me pidáis.

Hubiera preferido ofreceros esas cosas a tener que devolvéroslas. ¿Qué necesidad teníais de quitármelas? Pudisteis haberlo recibido de mí. Pero tampoco ahora podéis quitarme nada, pues no se roba a un hombre a menos que se resista.

El destino nos guía, y se determinó en la primera hora de nacimiento el tiempo que le resta de vida a cada uno; una cosa pende de otra, y todas las cuestiones públicas y privadas están ligadas por las cadenas del destino: por lo tanto, debemos soportar todo con entereza, ya que las cosas no aparecen de golpe en el camino, como suponemos, sino que llegan como está dispuesto. Hace mucho tiempo se determinó que te haría reír, que te haría llorar, y aunque las vidas de las personas parecen diferir unas de otras en gran variedad, sin embargo, el total definitivo es el mismo: recibimos lo que es fugaz y pronto pereceremos. Entonces, ¿por qué quejarse? ¿Por qué lamentarse? Estamos preparados para nuestro destino; para esto nacimos. Deja que la naturaleza se ocupe de los cuerpos como a ella le plazca; seamos alegres y valientes, sea lo que sea lo que suceda, y pensemos que nada de lo nuestro peligra. ¿Cuál es lo propio de un hombre bueno? El ofrecerse al destino; pues es un profundo consuelo ser arrancado junto con el universo.

Mira ahora un ejemplo de valentía: atiende a cómo creían en la antigüedad que el sol aguijoneaba a su hijo a llevar sus rayos a los hombres, hasta dónde ha de subir el valor, y verás que no se llega a ella por caminos seguros:

> Arduo es el comienzo del camino, incluso en la madrugada para los descansados caballos. En el medio se encuentra el altísimo cielo, desde donde al contemplar la tierra y el mar, tiembla mi cuerpo y el corazón explota en mi pecho. Inclinado es el final y cierto freno se necesita, y cuando me baño en sus ondas, la vieja Tetis, teme me despeñe.
>
> Habiendo escuchado esto, el valiente muchacho no se arredra: «No temo el camino: monto en el carro. Merece la pena ir a esos lugares, aunque uno pueda caer».
>
> Y el padre no cesa en intentar amedrentar su espíritu: «Y para también no desviarte en el camino, pasarás a través de los cuernos del violento Toro, del fiero León y del arco de Sagitario»
>
> Después de esto, dijo el muchacho: «Engancha el carro. Me incito con aquellas cosas que crees me atemorizan, porque disfruto de estar donde el mismo Sol tiembla».

Es propio de cobardes y flojos buscar la seguridad; el valor busca los desafíos y las alturas.

Algunos dicen que les suceden muchas cosas tristes y duras de sufrir. Puesto que el destino las dispuso en el camino, también armó contra ellas nuestros ánimos: soportémoslas con entereza.

Desprecia la pobreza, pues nadie vive tan pobre como cuando nació.

Desprecia el dolor, pues o acaba o te acaba.

Desprecia la fortuna, porque no le di arma alguna con la que pudiese alcanzar tu espíritu.

Desprecia la muerte, que acaba contigo o te cambia de lugar.

II. A LA VALIENTE

«Demuestra más grandeza de espíritu
aquel que no controla sus risas que
aquel que no controla sus lágrimas».

Christine

Cuando me examino, me doy cuenta de que tengo defectos, algunos muy claros, otros un poco más difusos, que creo son los más molestos, y que cual enemigo me atacan cuando ven oportunidad y de los cuales no sé si estar alerta, como en la guerra, o despreocupada, como en la paz.

Sin embargo, el principal defecto que me encuentro —¿por qué no voy a confesarte la verdad como a mi médico?— es el de no haberme liberado completamente de las cosas que temía y odiaba ni haberme sometido a ellas: me encuentro en un estado extraño; aunque no malo, sí descontenta y mustia; no me siento ni enferma ni sana.

No hace falta que me digas de nuevo que los inicios de todas las virtudes son débiles, que adquieren fuerza y firmeza con el tiempo. Me doy cuenta de que aquellas que mostramos al exterior, como la grandeza, o la reputación de elocuencia, y cualquier otra cosa que afecte a otros que nos observan, aumentan con el tiempo; pero aquellas que nos dan fuerza o aquellas que nos muestran más atractivos requieren muchos años hasta que son interiorizadas por nosotros por el uso en el tiempo. Temo que la costumbre, que confirma las cosas, fije esos defectos, o quizás vicios, más y más en mí. La larga presencia en lo bueno o en lo malo hace que nos semejemos a lo que frecuentamos.

Creo que mi estado de debilidad se puede asimilar al producido cuando nuestro pensamiento salta entre dos opiniones sin decidirse hacia el bien o hacia el mal. Dudo, en cierta manera, de qué es lo que me sucede, por lo que va a ser mejor que te explique qué me pasa para que puedas ponerle nombre a mi enfermedad.

Tengo un amor exagerado por la austeridad, lo confieso: me gusta vivir en mi vieja casa y pasar tiempo con mis hijos, me siento a gusto vistiendo mis ropas modestas, disfruto de la comida sencilla que me pueda comprar yo misma y no soy amiga de extraños peinados ni de joyas; en fin, con poco estoy satisfecha. He de reconocer que me llaman la atención casas con vistas al mar en Mallorca, los viajes exóticos o descansar en buenos hoteles, como este en el que estamos hoy, o frecuentar fiestas con actores famosos; y todo ello me genera dudas de si esto es mejor que aquello.

Además, como ya bien sabes, intento ser consistente, metódica y sistemática en lo que hago. No me gustan las soluciones rápidas e intento resolver los problemas paso a paso. Me gusta tener encima de la mesa toda la información para, con reflexión y paciencia, encontrar las soluciones. Intento ser estricta en el cumplimiento de las reglas y no me gusta mostrar mis emociones en público. Pero, a pesar de todo este orden en mi vida, en determinados momentos tiendo a pensar de forma pretenciosa y me dejo ensoberbecer yo misma y a hablar con una boca que creo que no es mía.

Seguí los mandatos de mis maestros y participé en la vida pública de lleno. Me pareció correcto asumir responsabilidades, no por mi ego, que es, como sabes, pequeño, sino por ayudar a amigos y a parientes y, en general, a todos los ciudadanos.

Cada vez que algo golpea mi ánimo, a lo que no está acostumbrado, tan pronto sucede una desgracia, como le suceden a los demás mortales, o cuando algo no se desarrolla fácilmente conforme a como esperaba, o cuando temas menores me toman gran parte del tiempo, intento volver a mi vida de ocio, y así como el ganado cansado y hambriento apresura el paso cuando vuelve a la granja, yo me apresuro para retirarme y pasar el tiempo en las paredes de mi casa.

Mi mente rumia estas desgracias frecuentes de manera inconsciente y creo que explotan en público en forma de malestar y mareos, causándome inquietud en mis apariciones públicas.

Temo ir descomponiéndome poco a poco y cediendo a mis inestabilidades o, lo que es peor, siento como si me estuviera bamboleando y a punto de caer siempre; sí, esa es la forma en la que mejor podría definir mi estado, y de ahí el miedo: dar por bueno lo que es habitual, lo que oscurece nuestro juicio. Pienso que muchos pudieron haber llegado a la sabiduría si no hubieran creído que ya habían llegado a ella, si no hubieran ocultado en sí mismos ciertas cosas y pasaran ante otras con los ojos cerrados. No hay razón para creer que la adulación ajena es peor que la propia. ¿Quién se atreve a decirse la verdad? ¿Quién, rodeado de aduladores, como yo todos los días, es capaz de no aplaudirse más a sí mismo?

Te pido, por lo tanto, que si tienes algún remedio para tratar estas mis dudas, me consideres digna de deberte mi tranquilidad. Soy bien consciente de que estas variaciones de mi espíritu no son peligrosas, pero si me provocan gran inquietud, para expresarte con un ejemplo náutico de que me lamento, te digo que lo que me angustia no es la tempestad, sino el mareo. Líbrame, pues, de esta indisposición, y socorre a una que padece con la tierra a la vista.

***

Séneca

Doy las gracias a tu querida madre por haberme acercado a ti. Los caminos de las letras son confusos y difíciles, pero ella consiguió que amaras los libros.

Hace tiempo que yo también me estoy preguntando calladamente con qué comparar esa condición del espíritu y creo que con un ejemplo se podría entender mejor: con la conducta de aquellos que, tras pasar una enfermedad larga y grave, se curan, pero de vez en cuando se ven aquejados de pequeñas molestias, se angustian, malinterpretan cualquier pequeño problema del cuerpo y acuden al médico. Estas personas no están enfermas, sino que no están acostumbradas a la salud, por lo que no son necesarias acciones enérgicas para volver al buen camino, sino que hay que tener confianza en uno mismo, creer que nuestra senda es la correcta y no dejarse seducir ni perderse tras las huellas de los que deambulan por todas partes.

Lo que deseas, no dejarse agitar, es algo grande; mejor, algo sublime. Yo llamaría a ese estado como tranquilidad.

Lo que buscamos entonces es cómo avanzar con paso firme, agradecido con uno mismo, contento con lo que se tiene alrededor y sin ensoberbecerse ni deprimirse: esto será la tranquilidad.

Veamos primeramente de forma general cómo llegar a ella, luego podrás tomar del remedio general lo que más te convenga. Para empezar, hay de sacar a la luz los vicios enteros, y luego cada cual que reconozca su parte en ellos. Comprenderás hasta qué punto tus inestabilidades son menores respecto a las de aquellos compañeros tuyos que son esclavos de cargos políticos, a los que, bajo el yugo de nombres relumbrantes, detiene en su simulación más la vergüenza que la voluntad. Lo mismo es aplicable a los que sufren por su liviandad y continuos cambios de planes, agradándoles más siempre lo que dejaron, como esos otros que, hechos unos holgazanes, solo bostezan; añade a estos los que cambian de un lado a otro, como los de sueño difícil, hasta que el cansancio les ocasiona el reposo, viviendo de tal manera que se detuvieron no por aborrecer más mudanzas, sino por la vejez, enemiga de los cambios. Añade también a los que no desisten de ser inconstantes no por su firmeza, sino por su desidia, y viven no como desean, sino como empezaron. Innumerables son las formas del vicio, pero uno solo el efecto, que es del estar insatisfechos de uno mismo. Y esto nace de la destemplanza del ánimo y de los cobardes o poco prósperos deseos cuando no se consigue lo que se desea o se falla en los esfuerzos y se depende por completo de la esperanza.

Esa gente siempre será inestable y cambiante, consecuencias necesarias de los que viven en la incertidumbre. Utilizarán cualquier medio para llegar a su objetivo, y se justificarán y obligarán a utilizar medios deshonestos, por lo que, cuando sus esfuerzos no tienen resultados, no entristecen por lo que han hecho, sino por no haberlo logrado. Entonces el arrepentimiento por lo tramado y el pánico por comenzar algo nuevo se apodera de ellos y les provoca una agitación que no encuentra salida, porque ni pueden mandar ni saben obedecer a sus deseos, porque no pueden vivir la vida que desearían y su mente se paraliza por las decepciones. Así, todo esto se ve agravado cuando se ven forzados a un ocio obligado, cuando lo que desean es permanecer en el entretenimiento que les da la vida pública, y no en su obligada soledad, lo cual no soporta un ánimo dispuesto a los asuntos públicos, deseoso de acción e incansable por naturaleza, ya que, por supuesto, encuentra poco consuelo en sí mismo. En consecuencia, abandonados los entretenimientos con los que la vida pública distrae a los que andan en ella, no soportan su casa, sus paredes, su soledad y contra su voluntad se ven abandonados a ellos mismos; de aquí viene ese hastío, ese desasosiego de un ánimo que no encuentra descanso y esa triste y débil resistencia al ocio forzado. Cuando uno se avergüenza de confesar las verdaderas causas de su sufrimiento y el recato embotella en nuestro interior los sufrimientos, los deseos encerrados en tan pequeño espacio se ahogan entre ellos. Y así llegan la melancolía y la depresión del espíritu, así como otras mil fluctuaciones de su mente insegura, que vive en vilo por las esperanzas comenzadas y triste por los fracasos.

De ahí viene el estado de ánimo de aquellos que odian su soledad, se quejan de que no tienen nada que hacer y ven el progreso de otros con la más amarga envidia; la triste desidia favorece el resquemor y aquellos que no han triunfado desean la ruina para los demás. El rechazo al éxito de otros y la desesperación con su propia vida produce un espíritu irritado con su suerte, quejoso del tiempo que le tocó vivir que, escondido en las esquinas y absorbido en sus miserias, enferma y se avergüenza de sí mismo. La mente humana es ágil y disfruta del movimiento y de todo lo que la entretenga y la excite.

Y entonces planearán viajes al azar, cambiarán de amistades, de aficiones, de ciudad, pero siempre huyendo de sí mismos. ¿Pero de qué sirve huir? A muchos les ha causado la muerte ese cambio continuo de planes que siempre finalizan en uno mismo y en un hastío a la vida.

Me preguntas: ¿qué remedio utilizar contra ese hastío? Lo mejor sería mantenerse ocupado en la acción y en la dedicación a los demás. Y esa dedicación se puede llevar a cabo como haces tú, desde la política, para hacerte útil a tus conciudadanos, o simplemente colaborando, cada uno en la medida de sus posibilidades, como aquel que colabora de forma altruista y particular enseñando pintura a niños los fines de semana.

«Las personas normales —dices— difícilmente estarán seguras entre tantas locas bestias ambiciosas que retuercen incluso las palabras más rectas para conseguir lo que pretenden, por lo que algunas veces creo como lo más seguro el apartarme de la vida pública». Si dedicas a los estudios el tiempo que quitas a tus funciones, no habrás abandonado tu cargo, pues a la hora de vencer en la lucha es tan importante el que pelea como el entrenador que corrige y da órdenes acerca de cómo debe enfrentar al rival, actividades aparentemente secundarias, pero que forman parte de la competición.

Si te entregas a los estudios, habrás superado el tedio de la vida y no desearás que se haga pronto de noche para ir a dormir, no serás fastidiosa para ti ni innecesaria para los otros; tendrás muchos amigos y los mejores vendrán a ti. Si, por el contrario, eludimos cualquier relación con los demás y vivimos solo conversando con nosotros mismos, ese encierro se verá falto de tareas y comenzaremos a malgastar el tiempo de manera vergonzosa. A menudo, ciertas personas mayores no tienen forma de demostrar que han vivido, excepto por su edad.

Algunas veces, no lo voy a negar, nos tocará tener que retirarnos; pero debemos hacerlo con parsimonia y pensando en qué forma podemos ayudar a nuestros conciudadanos. No es posible ser presidenta: sirve como ejemplo a las demás mujeres del mundo. No es posible ser madre: ayuda a las madres jóvenes sin recursos. ¿Te han impuesto el silencio?: ayuda a tus conciudadanos con tu callado consejo. ¿No te permiten entrar al Parlamento? En las casas, en los espectáculos públicos, en las fiestas, sé una amiga fiel, buena compañera y una invitada prudente. Por eso, con buen ánimo no te limites a tus fronteras, predica tu buen ejemplo en el mundo, que es tu patria. Nunca se te cerrará una puerta tan grande como para que no te encuentres abierta otra aún mayor.

¿Qué pasaría si no quisieras estar más en política si no fuera como dirigente de tu país? Aunque otros ocuparan tu puesto actual y tú tuvieras que colaborar como secundaria, colabora con tu voz, con tu consejo, con tu ejemplo, con tu espíritu; y si te tapan la boca, mantente firme en pie y ayuda con tu silencio. Nunca es inútil el trabajo de un buen ciudadano; ya es de provecho solo verlo, escucharlo, con su gesto, su talante, con su mismo paso.

¿Por qué crees que aquel que descansa honradamente es inútil? Mezclar el ocio con los negocios cada vez que aparezca alguna adversidad o cuando la vida pública queda paralizada es, de lejos, lo mejor. Sócrates andaba a sus anchas entre los tiranos y los déspotas que lo llevaron a la muerte: en una república corrompida, la mujer sabia tiene ocasión de mostrarse, en una próspera reinan la insolencia, la envidia y otros mil vicios cobardes. Por lo tanto, según se presente la situación, o la fortuna, nos expansionaremos o encogeremos, pero en todo caso nos moveremos y no nos dejaremos congelar por el miedo. Es mejor estar muerto que vivir como un muerto; el peor de los males es borrarte de la lista de los vivos antes de morir. Por lo que, si el destino te hace abandonar la política, encamínate de inmediato a tu ocio y a tus letras; como si estuvieras navegando en una gran tormenta, enfila al puerto y suéltate tú misma de tus cargas, y no esperes a que las circunstancias lo hagan.

Sin embargo, debemos analizarnos primero a nosotros mismos, luego examinar los trabajos que vamos a iniciar y finalmente con quién y para el beneficio de quién.

Lo más importante es examinarse a uno mismo, porque normalmente nos creemos capaces de más de lo que podemos: algunos se exceden por el exceso de confianza en su elocuencia, otros se endeudan por encima de sus posibilidades; otros, de cuerpos endebles, se embarcan en tareas fatigosas. Para algunos su timidez no es apropiada para tareas públicas que requieren desvergüenza, a otros, su obstinado orgullo los hace impropios para los tribunales, los hay que no controlan su ira y se enfadan hasta decir palabras temerarias a la menor provocación, así como los que no saben poner límite a sus ocurrencias y no se abstienen de peligrosos chistes. Para todos estos, es mejor el ocio que el trabajo.

Luego tendremos que conocer qué vamos a acometer y comparar si nuestro temperamento es adecuado para las tareas que nos planteamos. El que tira tiene que poder con lo que arrastra; de hecho, las cargas demasiado pesadas se deben partir en partes más pequeñas para poder arrastrarlas. Hay asuntos irrelevantes que generan muchos otros: estos hay que rehuirlos. Nunca nos embarquemos en algo de lo que no podamos retirarnos libremente; aplícate en lo que puedas finalizar, en lo que tengas la esperanza de finalizar, y abandona aquellos retos que aumentan mientras se trabaja en ellos o no terminan donde tenías esperado.

En todos los casos hay que seleccionar con sumo cuidado las personas, ver si son dignas de formar parte de nuestra vida o si merecen ese derroche de nuestro tiempo y del suyo, pues algunas consideran que estamos en deuda con ellas por servicios que les hicimos. Evita a los que intentan pagar las ayudas de sus amigos con regalos; intentan saldar la cuenta con donativos. Nada agrada más el alma que una amistad fiel y agradable. ¡Qué bueno es cuando compartes tus secretos con total seguridad, su conversación mitiga tu ansiedad, sus consejos completan tus planes, su entusiasmo disipa tu tristeza y hasta su presencia misma deleita!

Los escogeremos, en la medida de lo posible, libres de deseos, porque los defectos se contagian, y pasan de uno a otro solo por el contacto. Por lo tanto, al igual que en una epidemia nos apartamos del caliente y del que tose, porque corremos el peligro de contagiarnos, igualmente intentaremos seleccionar como nuestros amigos a los menos corrompidos. ¿Pero dónde encontrar a esas personas perfectas? Elijamos al menos malo como el mejor. Sobre todo, evitemos a los tristes, que de todo se quejan, sin que haya cosa alguna que no sea motivo de lamento. Y aunque es posible que sean leales y cariñosos contigo, es contrario a la tranquilidad alguien que protesta por todo y anda siempre inquieto.

Pasemos a considerar ahora los patrimonios, causa principal de las amarguras humanas; si comparas todos los otros males que nos mortifican, tales como la enfermedad, la muerte, los miedos, el arrepentimiento, el padecer dolor y trabajos, con las miserias que nos provoca el dinero, entenderás que la riqueza es la que causará mayores problemas. Así pues, hemos de pensar cuán más ligero dolor es no tenerla que perderla después de tenida, por lo que has de entender que, cuanta mayor pobreza, menos habrá que perder y menos tormento sufriremos. Te equivocas si crees que los ricos soportan mejor la ruina. Los fuertes y los enfermos sufren el mismo dolor por una herida; no les molesta menos a los medio calvos que a los que tienen una melena abundante que les arranquen pelos.

Tal como dije, es más soportable, y más fácil, no acumular propiedades que perderlas, y por esto verás más alegres a quienes no les sonrió la fortuna que a aquellos a los que esta ha abandonado. A esto llamo yo tranquilidad, llámalo tú necesidad, pobreza o miseria o ponle otro nombre ignominioso que quieras; piensa acerca de la calma que da estar rodeado de ladrones, estafadores o timadores cuando sabes que eres la única persona a la que no podrían perjudicar, ya que nunca te podrá desaparecer nada.

¿Crees que es dichoso aquel al que todos los días le hacen recuento de sus propiedades, de sus inversiones, de su capital, de lo que generan sus rentas, y cuya única preocupación es conocer en cuánto han aumentado? Sé que no tenemos la suficiente fortaleza para renunciar a todo, pero al menos reduzcamos nuestras necesidades para estar menos expuestos a las embestidas de la fortuna. Los cuerpos de los hombres que se ajustan al tamaño de su escudo son más adecuados para la batalla que aquellos de gran tamaño a los que sobresalen sus partes y los exponen a las heridas; la mayor riqueza es la que nos aparta de la pobreza, pero sin hacernos perder la cabeza.

Estaremos de acuerdo con esta medida de la riqueza si apreciamos la parquedad, sin la cual no habrá dinero suficiente que nos colme; especialmente, cuando el remedio está en nuestras manos, ya que la pobreza se puede convertir en riqueza recurriendo a la austeridad. Acostumbrémonos a evitar la ostentación, a evaluar el valor de las cosas por su utilidad, no por sus embalajes o los atractivos exteriores que las adornen. Dejemos que la comida aplaque el hambre, el agua calme la sed, que el placer sexual se confine en los límites de lo necesario. Aprendamos a vivir por nosotros mismos, que nuestra ropa y nuestra comida no vengan impuestas siempre por la última moda, sino que sigamos las costumbres de nuestros mayores. Aprendamos a aumentar nuestra continencia, a reprimir la lujuria, a templar el orgullo, a aplacar la iracundia, a contemplar la pobreza sin prejuicios, a cultivar la frugalidad y, aunque muchos se asusten de hacerlo, a dar a nuestros deseos naturales remedios conseguidos por poco, a mantener a todas las indisciplinadas esperanzas y aspiraciones bajo llave y a procurar obtener las riquezas de nosotros mismos, mediante nuestro esfuerzo, y no de la fortuna.

Nunca podremos vencer la gran variedad de desgracias que nos amenazan si desplegamos grandes velas en medio de la tormenta; debemos reducir nuestros deseos para evitar que las flechas de la fortuna nos alcancen. Enseñémonos entonces a cenar sin compañía, a ser los severos guardianes de nuestras propiedades, a usar ropas que cumplan con su original propósito y a vivir en casas más austeras. En el trayecto de la vida, al igual que en las carreras, debemos tomar las curvas bien cerradas.

Incluso en la compra de libros, donde el dinero estará mejor empleado, será justificable si mantiene unos límites. ¿De qué manera puedes disculpar a aquellos que compran muebles de caoba o a los que coleccionan libros de venerables talentos mientras bostezan entre tantos miles de ellos, cuando las cubiertas y los títulos les agradan más que cualquier otra parte del libro? Los exculparía ahora si realmente estuvieran movidos por un excesivo fervor en el saber, pero no si esos costosos trabajos de grandes genios son simplemente comprados para mostrarse y servir como adornos de sus paredes. Todo lo que es llevado al exceso es incorrecto.

Supón, sin embargo, que has entrado en alguna difícil forma de vida y, sin saberlo tú, la fortuna te ha echado un lazo que no sabes desatar ni puedes romper; entonces piensa que al principio los encadenados soportan con disgusto el peso y las cadenas, que son impedimentos a sus pasos, pero después, tras proponerse no enfadarse contra esas cargas, sino sufrirlas, la misma necesidad los enseña a llevarlas con fortaleza, y el hábito, con facilidad. En cualquier momento de la vida encontrarás distracciones, diversiones y deleites que harán más llevaderas las desgracias antes que detestarlas. Sabiendo que para penas hemos nacido, la naturaleza nos ha dispuesto la capacidad de acostumbrarnos a soportar las calamidades, acostumbrándonos pronto a las más duras. Nadie resistiría a la desgracia si permanentemente ejerciera la misma fuerza que la de su primer golpe.

Todos estamos encadenados a la fortuna. Para algunos la cadena está floja y es de oro, pero para otros está apretada y oxidada, pero ¿cuál es la diferencia? Estamos todos en la misma prisión, incluso los que nos encierran están encerrados ellos mismos, a no ser que pienses que una cadena en la mano izquierda es más fácil de llevar que una en la derecha. A alguno lo ata su cargo público, a otro la riqueza; a unos su linaje, a otros su humilde nacimiento; algunos obedecen caprichos ajenos; otros, los suyos propios; a unos los detiene en lugar ajeno el trabajo; a otros, el ocio. Toda la vida es servidumbre, acostumbrémonos a nosotros mismos, sin quejarnos lo más mínimo, y abracemos cualquier bien que tengamos cerca. No hay situación tan mala en la que una mente equilibrada no pueda sacar algún provecho.

No tengas envidia al que se mantiene, como tú, arriba, pues lo que parece altura no es más que despeñadero. Aquellos a los que un destino cruel puso en aprietos estarán más seguros si llevan su orgullo hinchado por la vanidad de su cargo, al mismo nivel que el resto de los mortales. Habrá otros que querrán aferrarse a la cima del poder, de la que no podrán descender más que cayendo de cabeza, por lo que con justicia, clemencia y bondad, se preparen para una caída favorable. Nada nos liberará más de esas fluctuaciones del ánimo que marcar siempre algún término a nuestros éxitos y no dejar a la fortuna que elija cuándo parar nuestras carreras, sino que lo mejor es detenernos mucho antes. Actuando de esta manera, aunque ciertos deseos estimularan nuestro ánimo, al ser finitos, no se extenderán más allá de lo controlable.

Estas mis palabras van dirigidas a los imperfectos: aquel que tema la muerte no actuará nunca como hombre vivo; sin embargo, quien consciente que su destino fue fijado el día en que fue concebido, vivirá con arreglo a lo estipulado, y por esa fortaleza de ánimo nada de lo que le suceda le será inesperado. Porque, teniendo claro que las mayores desgracias le pueden suceder, desarma los males, los cuales no golpearán a aquellos que los esperan prevenidos y están preparados para recibirlas animosamente; las desgracias solo golpean gravemente a aquellos que se creen seguros y solo piensan en la felicidad. Enfermedad, ruina, incendio, accidente, muerte, nada es inesperado, conocía en que agitada nave me había embarcado la naturaleza. Recuerda las veces que has asistido a entierros o has escuchado llantos desconsolados de padres o has presenciado incendios o has dado consuelo a personas enfermas:

«A cualquiera puede suceder lo que puede suceder a alguno».

Si uno se graba estas palabras en lo más adentro de sí mismo y observa las desgracias que le suceden a los demás y recuerda que no hay nada que prevenga que le sucedan a él mismo, estará preparado mucho antes de ser golpeado; será tarde para preparar el espíritu contra el peligro después de que el peligro haya golpeado. «Nunca pensé que me fuera a pasar a mí», pero ¿por qué no debería?, ¿Cuál es el lugar donde el hambre y la enfermedad no persiga a los ricos? Recuerda tu ciudad en el pasado, donde en un espacio corto de tiempo la belleza y la riqueza se tornaron fuego y destrucción.

Tenemos que tener claro que toda situación es cambiante y lo que acontece a los demás nos puede acontecer a nosotros mismos, y no hay que darle armas a la adversidad al no creer que todo nos puede pasar.

El siguiente punto es que no debemos hacer trabajos inútiles o por motivos inútiles, esto es, nunca debemos desear lo que no vamos a poder conseguir, ni tampoco habiéndo conseguido lo deseado muy tarde y tras mucho trabajo, que descubramos la vanidad de nuestro esfuerzo; en otras palabras, el trabajo tiene que tener un resultado y el resultado no puede ser indigno del trabajo; porque la pena sale de alguna de estas dos cosas: o por no triunfar en lo buscado o por sentir vergüenza por haber triunfado.

Debemos evitar las idas y venidas que muchos practican, vagabundeando por casas, negocios y mercados, ofreciéndose a otros y simulando siempre estar atareados. Si le pregunta a alguno de ellos justo incluso en el momento en que abandona su casa qué va a hacer en ese día, te responderá que va para su trabajo, pero sin saber a qué ni qué hará el resto del día. Deambulan buscando tareas, pero no hacen lo que pensaron hacer en algún momento, sino lo que encontraron para hacer en el camino. Se mueven sin sentido y sin plan, al igual que las hormigas que ascienden por el tronco de un árbol hasta la punta de la hoja más alta y luego bajan al suelo, vacías, sin haber obtenido nada. Muchas personas gastan la vida de esa manera, lo cual podemos llamar, con razón, activa pereza. Por lo tanto, que todo trabajo tenga un objetivo y que tenga siempre ese objetivo a la vista. Los inquietos no son inquietos a causa del trabajo: perdieron la razón por falsas ideas. No se ponen en movimiento sin esperar recompensa a cambio: se excitan por la apariencia de algo y su loca mente no se percata de su futilidad. Aquel que quiera vivir una vida tranquila no debe hacer muchas cosas superfluas, ni públicas ni privadas. De las necesarias, no deberíamos hacer solo muchas, sino incontables; sin embargo, cuando nuestro trabajo habitual nos reclama, mejor será estarse quieto. Estarás de acuerdo en que, cuantas más cosas innecesarias hagas, más cederás al arbitrio de la suerte, y es conveniente no tentarla con frecuencia, sino que siempre será mejor recordar solo su existencia.

Debemos también hacernos flexibles y no encariñarnos demasiado con lo que nos hayamos propuesto, encaminarnos a aquel lugar a donde nos lleve el destino, sin temer el cambio en nuestra posición ni en nuestras vidas mientras no caigamos presa del capricho, el que de todos los vicios es el más hostil al reposo. La obstinación, de la cual la fortuna siempre toma algo, necesita ser ansiosa y miserable, pero en el caprichoso, que nunca se reprime, es algo más grave. Ambas cualidades son enemigas del reposo, tanto el no querer cambiar nada como el estar insatisfecho con todo. La mente debe ser llamada a la meditación; intenta que el espíritu se repliegue sobre sí mismo, que disfrute de sí mismo, que admire sus propios trabajos, que evite todo lo que pueda los bienes ajenos, que sienta devoción por sí mismo, que no sienta las pérdidas y que experimente las desgracias con dignidad. Zenón, el estoico, cuando escuchó las noticias de un naufragio en el que todos sus bienes habían desaparecido, se dijo: «Quiere la fortuna que sea filósofo más rápidamente».

No ganamos nada en despreciar las causas de tristezas de otros, porque a veces a nosotros mismos nos posee el odio a todo el género humano. Cuando te das cuenta de lo rara que es la sencillez y qué desconocidas la inocencia y la franqueza, al menos que sea de provecho, y recuerdas a los triunfadores criminales, y las ganancias y las pérdidas de la corrupción; cuando vemos que la ambición, no embridada en sus justos términos, resplandece con su misma torpeza, se esconde el ánimo a la luz y salen las oscuras tinieblas, como si lo bueno hubiera sido derrotado. Debemos, pues, intentar que los vicios del pueblo no nos parezcan odiosos, sino ridículos. Hay que quitarle importancia a todo y soportar lo que llegue con ánimo optimista: es más natural reírse de la vida que atormentarse por ella; demuestra más grandeza de ánimo aquel que no controla su risa que aquel que no controla sus lágrimas.

Que piense cada uno en todas aquellas cosas que nos alegran o entristecen, y verá que es cierto lo que decían antiguamente, que todos los asuntos de las personas eran semejantes en sus principios, y no hay nada en sus vidas que sea más divino que su misma concepción. Por lo tanto, aceptemos la moral pública y los vicios de los demás con calma, sin romper en llantos ni en risas. Padecer por los sufrimientos de otros es una eterna miseria mientras que disfrutar por las desgracias ajenas es un placer inhumano, al igual que es una inútil tristeza llorar y mostrar un rostro compungido cuando alguien está enterrando a su hijo. Aun en tus propios males conviene dar al dolor aquella sola parte que él pide, y no la que pide la costumbre, porque hay muchos que derraman lágrimas para que otros lo vean, teniendo secos los ojos cuando nadie los mira, y juzgan por vergüenza no llorar cuando otros lo hacen. Tenemos ya tan interiorizado este mal de estar pendientes de la opinión ajena que fingimos incluso la pena, la más simple de las emociones.

Ahora viene la parte que, no sin razón, suele entristecer más: cuando los mejores acaban mal. Piensa en Sócrates cuando acabó muriendo en prisión bebiendo cicuta; te quejarás entonces de que la fortuna se haya portado tan injustamente, y te preguntarás: ¿qué se puede esperar de la vida cuando los mejores encontraron el peor de los destinos? Pon el ojo en el modo en que ellos sufrieron; si fueron fuertes, desea su ánimo; pero si se fueron como cobardes, no se perdió nada. Elogiemos a aquellos que se merecen constantes alabanzas y digamos por ellos: «¡Cuanto más valiente, más feliz! Escapaste ya de las desgracias, de la envidia, de la enfermedad: has escapado ya de la prisión». A aquellos que rehúyen la muerte cuando les llega e intentan aferrarse a la vida a cualquier manera, debemos despreciarlos. Nunca lloraremos por aquel que muere alegremente ni tampoco por aquel que se va llorando; el primero, con su alegría, me quitó las lágrimas, y el segundo, por sus propias lágrimas, no merece que nadie llore más por él.

Es otra gran causa de problemas el no mostrarnos de forma natural y acicalarse en demasía, como hacen muchas personas, que viven una vida fingida y basada en la ostentación. Tenemos que dejar de atormentarnos por la opinión de los demás, olvidarnos de los que nos desnudan en contra de nuestra voluntad, dejar de vivir detrás de una máscara para desembarazarnos de esa inquietud que nos angustia, que es que nos sorprendan con otro aspecto al que esperan. ¡Qué placer vivir sin adornos y en una sencillez sincera que nos muestre tal como somos! Sin embargo, atendamos a la moderación en todo esto: sencillez no es descuido.

También nos conviene retirarnos en nosotros mismos con asiduidad, pues el trato con otros perturba todo aquello que ya habíamos compuesto, levanta pasiones que estaban en calma y agrava las heridas de todo aquello que estaba mal curado. De todas maneras, deberíamos mezclar el pasar nuestras vidas, alternativamente, en soledad y entre la multitud, porque lo primero nos despertará el deseo de comunicar a los demás y lo segundo el de hablarnos a nosotros mismos, siendo lo uno antídoto de lo otro. La soledad nos curará cuando estemos enfermos de multitud y la multitud nos curará cuando estemos enfermos de soledad.

No deberíamos mantener la mente en continua tensión, sino que deberíamos relajarla con entretenimientos. A Sócrates no le daba vergüenza jugar con niños pequeños, y lo encontraron subido en una escoba simulando el trote de un caballo. Hay que dar descanso al espíritu para que retome fuerzas y vuelva con más energía tras el descanso; los campos se dejan en barbecho durante algún tiempo para luego recoger una mejor cosecha; de la misma manera, nosotros hemos de liberar a nuestras mentes del continuo esfuerzo para que recobren su fuerza tras un breve período de descanso y alivio. De la continuidad de los esfuerzos nace cierto entumecimiento y pereza del ánimo. Las personas no estarían tan atraídas por esto si el juego y el entretenimiento no poseyeran un atractivo especial sobre ellos, aunque la continuidad en el juego quita fortaleza y gravedad al ánimo; hay mucha diferencia entre aflojar y soltar algo. Los legisladores fijaron días de descanso para incitar a la gente a momentos de diversión. Algunos lo hacían tomándose días libres cada mes, en otros casos se dividía el día entre tiempo de juegos y de trabajo; otros, por ejemplo, dejaban de atender visitas a partir de la hora séptima por si algún mensaje le podía alterar el ánimo y le impedía disfrutar del resto de las horas del día. Incluso podemos llegar a la embriaguez, no para que nos ahogue, sino para que nos divierta, pues lava los problemas, revuelve el espíritu y actúa como remedio a la tristeza y a otros males. Al igual que con la libertad es saludable la moderación, también lo es con el vino. No ha de hacerse a menudo para que el espíritu no contraiga esa mala costumbre, pero de vez en cuando debemos llevarlo a la libertad y al jolgorio, agitando por un tiempo la triste sobriedad.

Con esto tienes, queridísima amiga, los medios que pueden favorecer la tranquilidad y los que la pueden restituir. Pero conviene que sepas que ninguno de ellos es suficiente para los que han de guardar algo tan débil si no se tiene un continuo y atento cuidado.

III. A LA INDOMABLE

«Nadie querrá reírse
de quien se ríe de sí mismo».

Permíteme escribirte con urgencia estas notas después de haber presenciado tu comparecencia ante los senadores. Estarás preocupada por el resultado del proceso que te promueven esos enemigos furiosos. Por ello, te recomiendo que escuches sin preocupación las amenazas de tus rivales y, aunque tu conciencia te infunda confianza, espera la sentencia más justa, pero disponte también por si resulta lo contrario. Recuerda tu disposición natural para obrar de acuerdo con el bien, la verdad y la justicia.

Aquí te dejo mis consejos para tu comparecencia de mañana, notas tomadas del pasado, desordenadas, enredadas, quizás excesivas, recordadas y recopiladas a toda prisa durante la mañana. Espero que te sean útiles. Reflexiona sobre ellas esta noche y, recuerda, no demores tu descanso, porque mañana necesitarás lo mejor de ti. Confío en que sirvan como medicina para calmar esa desazón que creo que te aflige.

***

No sin razón me atrevería a decir, amiga mía, que entre nosotros y las otras corrientes de la sabiduría hay la misma diferencia que entre las mujeres y los hombres, aunque ambos contribuyan de igual manera a la vida, unas son nacidas para mandar y los otros para obedecer. Los demás son como malos médicos, que aplican a los cuerpos medicamentos suaves y blandos, no curando como conviene, sino como suponen. Sin embargo, nosotros somos los buenos doctores que no se preocupan de que sus remedios sean agradables, sino de que sanen al que padece y nos conduzcan a la cima a la que no llegan ni siquiera las flechas de la suerte.

Hace algún tiempo, al hablarte de Sócrates, te indignaste, tú que te revuelves contra la injusticia, de que el siglo en que vivió no lo hubiese llegado a conocer, porque a él, que descollaba sobre los mejores, se le había puesto al nivel de los mediocres, y te parecía cosa indigna que en sus últimos momentos fuera recibido en el ágora a salivazos y otros ultrajes propios de una muchedumbre enloquecida. Entonces te respondí que estuvieras tranquila y no temieras, porque el sabio no puede recibir ni el ultraje ni el insulto, y debes saber que la providencia nos lo prestó como ejemplo, como nos dio a Ulises o a Hércules en el pasado, a los que los nuestros llamaron sabios por haber sido invictos en sus trabajos, desdeñosos con los deleites y vencedores de todos los peligros.

Recuerdo que cuando hablábamos de estas injusticias y de las respuestas del sabio, me dijiste airada:

Estas son las cosas que desacreditan tus consejos: prometes grandes soluciones que ya no solo no se pueden desear, sino incluso hasta creer. Dices, por un lado, con grandes palabras, que el sabio no puede ser pobre, pero luego confiesas que suele faltarle donde comer y dormir; aseguras que no puede estar loco, pero no niegas que se le puede ir la cabeza y decir locuras; afirmas que nunca puede ser siervo, pero no niegas que deba obedecer a cuanto los de arriba le ordenan. Por lo que por momentos creo que eres un charlatán como los demás.

Lo mismo sospecho de lo que dices ahora, acerca de que el sabio no puede sufrir injurias; algo que, de ser verdad, atrae mucho. Creo que hay mucha diferencia entre no recibir injuria y no indignarse. Si me dices que el sabio soportará la injuria con buen ánimo, no me extraña, pues es algo que se adquiere a base de recibir golpes; pero si me dices que no puede ser agraviado y que nadie tiene la forma de poderle hacer tal cosa, dejo todo, mi vida y mis negocios, cojo la maleta y me voy contigo.

No era mi objetivo adornar al sabio solo con palabras, sino elevarlo a un lugar donde la injuria no le alcance. Entonces, ¿no habrá nunca nadie que lo provoque, que le intente hacer mal? En la naturaleza no hay cosa tan sagrada como para que no se intente cometer contra ella sacrilegio. Invulnerable no es aquel que nunca ha sido atacado, sino aquel que no ha sido herido; por eso, conocerás y te mostraré al sabio. ¿Se puede dudar de que la fortaleza de aquel que no ha sido nunca vencido después de soportar innumerables embestidas es menor que la de aquel que no ha sido nunca atacado? Debes saber que el sabio será mejor incluso después de permanecer inmutable al ultraje, a que no se le haya hecho ninguno. Y llamaré esforzado a aquel al que los esfuerzos no doblegan y a quien la violencia de sus enemigos no alarma, no a aquel que malgasta su ocio entre indolentes. Lo que pretendo decirte, y perdona si todo esto es demasiado denso para leer solo en esta noche, es que al sabio ninguna injuria ofende, y da igual que le tiren muchas piedras, que a él nada le afectan por ser de hierro. ¿Crees que, cuando aquel estúpido rey persa que aparece en el rollo de «300» intentando doblegar a los espartanos oscureció el cielo con flechas pretendiendo conquistar Grecia, alguna flecha tocó el sol? Así como lo sagrado escapa de la mano del hombre, y ningún mal se le hace a los dioses cuando se destruyen templos o se funden sus estatuas, de la misma manera, cuando se ataca al sabio con malicia e insolencia, se intenta en vano. «Pero sería mejor si nadie intentara hacer tales cosas», dijiste. Estabas deseando algo difícil: que el género humano fuera inofensivo y que no hubiera maldad. Que no se cometan esos actos es provechoso para quien quiere cometerlos, no para aquel a quien no le van a afectar incluso después de haberse realizado. Más aún, no sé si cuando mejor se muestra el poder de la sabiduría es mediante la tranquilidad en medio de las provocaciones, al igual que la mayor demostración de fortaleza de un general armado es la calma en tierra enemiga.

Pasemos ahora a distinguir, si te parece, el ultraje de la ofensa. El primero es por su naturaleza más grave, el segundo menos importante y solo molesto para los de piel fina y del que no quedamos heridos, sino solo agraviados. Es tan grande la debilidad de la mente humana que cree que no hay nada más amargo que el insulto. Hemos llegado hasta tal extremo de estupidez que ya no solo sufrimos por el dolor, sino también por la idea del dolor, como los niños que se asustan con la oscuridad, con la deformidad en las caras, y a los que las lágrimas brotan al escuchar nombres extraños, el golpear de las puertas y otras cosas similares, provocado todo por su desarmada ignorancia.

El fin del ultraje es causar mal a la persona; pero la sabiduría no le deja lugar por el que entrar, porque para ella no hay otro mal sino la indecencia, la cual no tiene sitio donde una vez entraron la virtud y lo honesto, por lo cual se demuestra que no puede llegar la injuria al sabio; porque si padecer algún mal es lo que se llama injuria, y el sabio no lo padece, es evidente que no tiene que ver con él la injuria, ya que toda injuria es una cierta disminución del sujeto en la que cae, no siendo posible recibirla sin alguna pérdida, sea en el cuerpo o en la dignidad o en alguna de las cosas que están fuera de nosotros. El sabio, sin embargo, no puede perder cosa alguna, porque las tiene todas depositadas en sí mismo sin haber dejado nada a la suerte, teniendo todos sus bienes en lugar seguro y contentándose con la virtud, que no necesita del azar. Y así, ni puede crecer ni menguar, porque lo que ha llegado a la cima no puede alzarse más, y la suerte no quita sino lo que ella dio; y como no dio la virtud, no puede quitarla; esta es libre, inviolable, firme, incontrolable, y de tal manera fortalecida contra los sucesos que no solo no puede ser vencida, sino ni siquiera inclinada.

Sé que volverás a pensar esta noche, después de la parrafada anterior, que este sabio del cual te hablo no existe y es todo solo palabrería vacía; no lo invento como gloria de la raza humana, sino que lo muestro tal como se ha expuesto a nosotros alguna vez, y siempre a largos intervalos, como en el caso de Sócrates en la antigüedad o, más cercano, valga el ejemplo de Santa Teresa de Calcuta.

Piensa también que el ultraje nacerá de todas aquellas cosas que nos exponen al peligro, como, por ejemplo, por un acusador sobornado, por una falsa acusación, como te sucede a ti hoy, o irritando a poderosos contra nosotros. Es también injuria quitarle a una persona su ganancia o el premio buscado con mucho esfuerzo durante mucho tiempo, o el favor de algún cliente importante del cual obtenía grandes beneficios. De todo esto huye el sabio que no sabe vivir solo por la esperanza o por el miedo.

He escuchado cómo esta mañana te llamaban encubridora, débil, y hacían mofa de tu carácter; y contemplé cómo en algún momento cambió el color de tu cara. A continuación, hablaremos de eso.

Puesto que ya hemos tratado de la primera parte de nuestro asunto, pasemos ahora a hablar de la segunda, en la cual probaremos con argumentos que el sabio no puede ser ofendido. La ofensa es menos importante que la injuria, de la cual podremos quejarnos más que vengarnos, y a la que los tribunales no considerarían merecedora de castigo. Mueve esta pasión la debilidad del ánimo que se encoge por una palabra o hecho indigno hacia él, como «no ha tenido en cuenta mis palabras», «no me saluda nunca al entrar» o «aquel me ha dicho palabras indecentes» y otras cosas por el estilo, a las que llamaría quejas de un ánimo quisquilloso. Estos asuntos afectan principalmente a los acomodados y a los infelices, porque los que tienen males reales no tienen tiempo que perder en males ficticios. Los temperamentos débiles por naturaleza, por culpa de una holgazanería excesiva, se conmueven por sucesos que la mayor parte de las veces son malas interpretaciones de la realidad de quien las interpreta. Esto muestra, por lo tanto, que no hay sensatez ni confianza en sí mismo en quien se ve agraviado por una ofensa; se considera que ha sido despreciado, y ese sentimiento provoca una cierta humillación del ánimo, que se empequeñece y deprime. Sin embargo, nadie puede ofender al sabio, él conoce su grandeza, se da a sí mismo la seguridad de que nadie tiene poder para ofenderlo, y no solo vence a esas cosas —que yo no llamo miserias, sino molestias del ánimo—, es que ni siquiera las siente. Sin embargo, hay otras cuestiones que sí golpean al sabio, pero no lo derriban, como el dolor físico o la enfermad, la ruina de su ciudad durante una catástrofe o la pérdida de hijos y amigos. No digo que el sabio no sienta eso, él no es piedra ni acero. El sabio recibe ciertos golpes, pero los sana, los venda y los reprime; mas los temas menores ni siquiera los siente ni emplea contra ellos su acostumbrada fortaleza para soportar los males, sino que no los considera siquiera o esboza ante ellos una sonrisa.

Ten en cuenta que los insultos provienen mayormente de los orgullosos, de los arrogantes y de los que arrastran una prosperidad enferma, y el sabio posee el arma con que vencer a esa engreída pasión, la más hermosa de todas las virtudes: la magnanimidad. Y armados con ella los insultos nos provocarán igual daño que caernos de un caballo en un sueño. Piensa en los niños que muerden y golpean a sus padres y profieren palabras soeces; nada de eso contamos como ofensa. ¿Y por qué? Porque quien lo hace es incapaz de menospreciar.

La misma disposición de ánimo que tenemos hacia los niños la tiene el sabio frente a aquellos cuya infancia continúa más allá de su juventud. ¿O ha traído la edad algún provecho a los que tienen los mismos defectos de los niños, pero aumentados por el tiempo? ¿Cuando difieren de los niños solo por el mayor tamaño de sus cuerpos, pero no son menos caprichosos, inestables, ansiosos de placeres inmediatos, temerosos y pacíficos no por su disposición natural, sino por el miedo? Por lo tanto, no se puede decir que esas personas difieran en nada de los niños. Mientras los niños tienen codicia por dulces y regalos, ellos la tienen por los manjares y el oro; los niños construyen en las playas simulacros de casas con la arena mientras los otros, como si estuvieran haciendo algo importante, levantan paredes y techos, convirtiendo en un peligro lo que fue concebido como una protección para el cuerpo.

Pero ¿por qué te resistías a aceptar la firmeza del sabio cuando eso mismo puedes observar en otros, pero con diferente motivo? ¿Se enfada el médico con el trastornado? De la misma manera que el médico soporta palabras indecentes de aquel al que amputa un miembro, el sabio escuchará insolencias, pero sabe que aquellos excesivamente bien vestidos, saludables y acicalados no están sanos, los verá como enfermos desobedientes y los tratará. Por lo que, si el sabio no recibe el saludo de un mendigo o si el peor vestido de los ciudadanos no le muestra veneración, no lo considera ofensa; igualmente, desdeñará los desplantes ni se dejará afectar por el engreimiento de los ricos, porque sabe que no se diferencian de los pobres, es más, son más miserables, ya que el pobre necesita poco y ellos mucho. Consecuentemente, no se conmoverá por la ofensa de nadie. Si alguna vez le afectara un ultraje o una ofensa, perdería la calma, que es un bien propio de él. Y nunca regalará el placer de reconocerse agraviado ante quien lo vilipendia, porque, necesariamente, quien se turba con el desprecio de otro, pierde la calma y pierde también la facultad de poder menospreciar, que tanto molesta a los que ofenden.

¿Qué es eso llamado ofensa? Algunos han bromeado por mis orejas, otros por mi calva, aquellos por la forma que tengo de caminar y otros por mi corta estatura, pero ¿qué hay de insulto en lo que todo el mundo ve? Si solo una persona lo dice, nos reímos, pero si lo escuchamos en presencia de más personas nos indignamos, y no permitimos a los otros el privilegio de decir cosas que nos decimos a nosotros mismos. Entonces, robémosles las armas a los insolentes; anticipémonos y comencemos a reírnos de nosotros mismos: nadie querrá reírse de quien se ríe de sí mismo.

Añade que es un cierto género de venganza arrebatar al que quiso cometer la injuria el disfrute de ella, porque suelen decir quienes las hacen: «Pobre de mí, creo que no la entendió». Y es que el fruto de la injuria consiste en que se sienta y en la indignación del ofendido.

A pesar de las ofensas, tenemos que alejarnos del conflicto y de la pelea. Debemos huir lejos de ellas; todas las provocaciones de los ignorantes deben ser despreciadas, teniendo en igual estima los halagos y las ofensas del pueblo; no hay que alegrarse por los unos ni apenarse por las otras. De otra manera, por el miedo a los insultos o por despecho, omitiríamos muchas cosas y nos apartaríamos de trabajos y servicios importantes ante la angustia de poder escuchar algo que nos haga daño. Alguna vez, indignarnos ante los poderosos mostrará nuestros sentimientos con libertad. Y si pensamos que es libertad no padecer algo, estamos engañados; libertad es tener una mente que sobrevuela sobre el ultraje, que hace a uno mismo ser la fuente de la que surge la alegría y separa a uno de las causas externas que nos hacen vivir esclavizados por el miedo a las risas y a las lenguas de los demás.

Entonces, si cualquiera puede realizar una ofensa, ¿hay alguno que no la vaya a recibir en algún momento? El sabio y el aspirante utilizarán diferentes remedios para esto. Aquellos cuya educación todavía no está completa y se comportan de acuerdo con la opinión pública deben tener en cuenta que pasarán su vida recibiendo ultrajes y ofensas; todo será más soportable si están preparados.

Cuanto más grandes sean tus responsabilidades o tu patrimonio, con mayor energía deberás resistir, recordando que los más fuertes combaten siempre en primera línea. Cuando recibas insultos, afrentas, malas palabras u otros desprecios, súfrelos como voces lejanas, como rayos que escuchas y ves desde la ventana de tu casa; y aunque a veces te golpeen y molesten, no cedas al ímpetu del enemigo, defiende el puesto que te señaló la naturaleza. Y si me preguntas qué puesto es este, te responderé que el del ser humano.

El auxilio del sabio es otro diferente al tuyo, mientras tu aún estás en la batalla, él hace tiempo que salió victorioso. No luches contra tu propio bien, alienta en tu ánimo esta esperanza, recibe con gusto lo que es mejor y afirma: en la república del género humano hay alguna invencible y sobre la que la suerte no gobierna.

Deseo enormemente que estas notas puedan aliviar tu espíritu para tu comparecencia de mañana.

IV. AL FILÁNTROPO

«No es que tengamos poco tiempo,
es que lo malgastamos».

La mayoría de los mortales, querido amigo, se queja amargamente de la malevolencia de la naturaleza, porque nacimos para un tiempo escaso e incluso ese tiempo que se nos ha regalado corre tan veloz y tan rápido que, salvo muy pocas excepciones, partimos justo cuando nos preparamos para disfrutar.

No sucede esto solo a los inconscientes o a la gente ignorante, que se lamenta de este mal universal, sino que a personas ilustres les ha acontecido esta calamidad. De ahí aquella famosa frase del más grande de los médicos: «El arte es largo, pero la vida es corta». No es que tengamos poco tiempo, es que lo malgastamos. La vida es sobradamente larga para conseguir las más altas de las metas si el tiempo que se nos regala es bien empleado. Pero cuando es despilfarrado en lujos e indiferencia, cuando es ofrecido a nada bueno, cuando en nuestra última voluntad lo reclamamos, nos percatamos de que ha huido sin darnos cuenta. Por tanto, no recibimos una vida corta, sino que la hacemos corta, y no estamos cortos de días, sino que los malgastamos. Del mismo modo que la mayor riqueza puede ser dilapidada en meses por un mal gestor, pero cuando esta llega a manos de un buen gestor se incrementa por el uso, así nuestra vida es suficientemente larga para quien la administra bien.

¿Por qué nos quejamos de la naturaleza? Ella se ha mostrado amable con nosotros. La vida es larga si sabes cómo usarla. Algunos están poseídos por una avaricia que nada puede satisfacer, otras por una trabajosa diligencia en hacer penosas tareas inútiles; uno entregado al vino, otro paralizado por la pereza; algunos, poseídos por la avaricia de comerciantes, recorren el mundo en busca de riqueza; muchos se han mantenido ocupados persiguiendo la fortuna de otros o quejándose de la propia; hay quienes viven sus vidas en una voluntaria esclavitud de sus superiores o de su trabajo; muchos no persiguen objetivos claros, e inconstantes e insatisfechos cambian de planes ante cualquier novedad; algunos no tienen principios que les sirvan de guía, pero el destino los tomará a todos desprevenidos entre risas y bostezos. Sucederá, seguro, y recordarán las palabras del más grande de los poetas cuando decía a manera de profecía: «La parte de la vida que realmente vivimos es corta». El resto de nuestra existencia no es vida, es simplemente tiempo.

Los vicios nos asedian y rodean por todas partes, no nos dejan levantar los ojos para ver la verdad, sino que nos mantienen prostrados y encadenados a las pasiones; sus víctimas no son libres de volver a ellas mismas; si en algún momento se liberan, serán zarandeadas y no encontrarán descanso. ¿Piensas que solo hablo de los desgraciados que sufren males? Mira a aquellos a los que, por su prosperidad, los acompaña la gente: están asfixiados por sus bienes. ¿A cuántos les supone una carga su riqueza? ¿Cuántos palidecen por sus constantes placeres? ¿A cuántos la multitud de clientes no les deja tiempo para ellos mismos? Mira a través de todos ellos, del menor al mayor: uno busca un abogado, otros clientes a los que vender, el otro que le respondan a una llamada: todos son servidores de todos, pero ninguno dueño de sí mismo. Algunos mostrarán una indignación sin sentido, se quejarán amargamente de la insolencia de sus superiores por no haber tenido tiempo de atenderlos cuando se lo pedían; como si tuvieran derecho a quejarse de la soberbia de otro cuando ellos no tienen tiempo de atenderse a sí mismos.

Me gustaría poder llamar a alguno de los más ancianos y decirle:

Veo que has llegado a los límites de la vida humana, sobrepasas los cien años o incluso más. Vamos, llama a tu vida y saldemos cuentas. Dinos cuánto de tu tiempo has pasado con tu jefe, cuánto con tu amiga, cuánto discutiendo con tu pareja, cuánto atendiendo a clientes, cuánto moviéndote de un lado a otro de la ciudad por trabajo. Añade a eso cuánto tiempo has pasado enfermo por tu culpa, cuánto sumido en la holgazanería; verás que no has vivido tantos años como creías.

Mira atrás y recuerda cuándo has seguido firmemente lo que te proponías, cuántos días has discurrido de acuerdo con cómo los habías planificado, cuándo has hecho lo que querías, cuándo tu rostro mostraba tu expresión natural, cuándo tu mente estuvo imperturbable, cuáles de tus trabajos te perdurarán, cuántos te fueron arrebatando la vida mientras no te percatabas de lo que sucedía, cuánto se ha llevado la pena inútil, la estúpida alegría, el codicioso deseo; qué poco de ti mismo te ha quedado: te darás cuenta de que mueres antes de tiempo.

¿Cuál es la razón de todo esto? Viven como si fueran a vivir para siempre, no reflexionan sobre su fragilidad o sobre el tiempo que ya han vivido. Malgastan el tiempo como si fuera infinito, sin darse cuenta de que quizás esta conversación, este minuto, esta palabra, pueda ser la última. Tienen todos los miedos de los mortales y todos los deseos de los inmortales. Habrás escuchado a muchas personas decir: «Cuando cumpla los sesenta me retiraré a disfrutar de la vida». ¿Quién te garantiza llegar allá? ¿No te asusta querer disfrutar al final los desechos de la vida? ¿No es extraño posponer el entrar a vivir justo cuando tendrías que salir? Qué olvido tan necio de nuestra mortalidad el procrastinar empezar a vivir.

Verás que las personas más poderosas dicen que añoran el ocio, lo aclaman y lo prefieren por encima de cualquiera de los placeres que disfrutan. Algunas veces desean descender seguros desde su pedestal, pero, aunque nada los sacuda desde fuera, su fortuna se cae por sí misma.

César Augusto nunca dejó de pedir descanso y alivio de los problemas de la vida pública, y solía finalizar todas sus conversaciones con esta dulce, aunque irreal mentira, con la que se consolaba: que algún día podría vivir para él solo. En una carta dejó escrito: «Estos deseos se pueden mejor prometer que realizar, sabiendo que la alegre realidad está todavía lejos, disfruto ya con el placer de las palabras». Tan deseable era el ocio para él, que lo disfrutaba ya con su pensamiento por adelantado.

Entre los peores, contaré a los que consagran su tiempo al vino y la lujuria; nadie está ocupado de manera más vergonzosa. Los otros, aunque seducidos por una imagen vacía de la gloria, se pierden, empero, con cierta dignidad. Aunque me cites a los avaros, a los furiosos, a los que provocan enfrentamientos injustos, no son más que personas que yerran como personas. Pero aquellos sumergidos en el vino y el deseo son indignos. Examina las horas de esa gente; considera cuánto tiempo dedican a echar cálculos, cuánto a maquinar engaños, cuánto sintiendo miedo, cuánto cortejando, cuánto a sus pleitos y a los de otros, cuánto preparando fiestas, para ellos ya una obligación, y verás cómo sus deseos y sus miedos no les dejan tiempo para respirar.

Finalmente, todos están de acuerdo en que nada, ni la elocuencia ni los trabajos liberales, se puede hacer de manera adecuada por alguien permanentemente ocupado, ya que la mente, cuando está ocupada en muchos temas menores, no es capaz de centrarse en nada en serio, y todo lo nuevo que le entra lo expulsa como si se fuera un elemento extraño. Nadie conoce menos de la vida que los ocupados: no hay nada más difícil de aprender. De las otras artes hay maestros por todas partes, en cambio, lleva toda la vida aprender a vivir y, quizás lo que te extrañe más, lleva toda la vida aprender a morir. Grandes personas han renunciado a todo su poder, a todas sus riquezas y placeres con el único objetivo, aun estando al final de sus días, de aprender a vivir. Gran parte de ellos nos abandonaron lamentándose de que aún no habían aprendido; cuánto menos sabrán los ocupados.

Créeme, es de espíritus grandes y elevados por encima de las debilidades no permitir que nadie les robe su tiempo, y por eso sus vidas serán larguísimas, porque todo su tiempo les pertenece. No dejarán momento ocioso o desocupado; ninguno quedará bajo el control de otros; nada han encontrado que merezca tanto la pena como para ser permutado por su tiempo. Por lo tanto, verán que dispondrán de él, al contrario que aquellos a los que les ha sido robado y del que dispondrán en cantidad muy escasa.

Y no hay razón para creer que esas personas no son conscientes de su falta. Escucharás a muchos de esos a los que abruma una gran prosperidad lamentar entre la multitud de sus clientes, o entre sus abogados, o entre otras de sus miserias honrosas: «No puedo seguir viviendo así». ¿Por qué no puedes? Todos aquellos que se te acercan te alejan de ti. ¿Cuántos días te quitó el trabajo, cuántos un pretendiente, cuántos los políticos en busca de favores, cuántos los amigos poderosos que te tienen no por amistad, sino por ostentación? Haz, te ruego, un recuento de los días de tu vida, y verás que pocos e inservibles han sido para ti.

Aquel que llegó a la presidencia que tanto pretendió, desea dejarlo y dice: «¿Cuándo se acabará este año?». El otro, que tiene a su cargo las fiestas y que tanto estimó haber recibido, por suerte, el encargo, se lamenta: «¿Cuándo se acabará esto?». Cada cual precipita su vida, trabajando con el deseo de lo futuro y el hastío de lo presente. Pero a aquel que aprovecha todo su tiempo, que planifica cada día como si fuera el último, que ni anhela ni teme el mañana, ¿qué nuevo placer puede traerle una nueva hora? Todo es conocido y disfrutado hasta la saciedad. Puede disponer de la fortuna a su voluntad: su vida está a salvo. Se le podrá añadir algo, pero no quitar. Le sucede lo mismo que al cuerpo que, estando harto y satisfecho, acepta alguna comida, pero sin haberle apetecido. No hay razón para que pienses que una persona con arrugas o canas ha vivido demasiado; no ha vivido mucho, ha existido mucho.

Me extraño cuando veo a personas pedir tiempo a otras y estas otras se lo ceden bien dispuestas. Ambos fijan los ojos en el objeto para el que se ha pedido el tiempo, pero ninguno en el tiempo en sí; como si lo pedido fuera nada, como si lo entregado fuera nada. Las personas juegan con el bien más preciado del mundo porque no se toca, es inmaterial, no salta a la vista, y por eso no lo valoran. Las personas reciben sus salarios con agradecimiento y a cambio alquilan su trabajo, sus servicios y su esfuerzo. Nadie valora el tiempo, lo usan generosamente como si fuera regalado. Pero a estos mismos los verás, al enfermar y al ver cerca la posibilidad de la muerte, arrodillarse y llorar ante los médicos, y no dudan en vender todas sus posesiones para vivir; tan grande es la inconsistencia de sus sentimientos. Si cada uno pudiera ver los días que le quedan de vida, ¡cómo se alarmaría al saber que le quedan pocos, y cómo los aprovecharía! Es fácil administrar lo conocido, no importa lo pequeño que sea, pero aquello que desconoces cuándo faltará se debe cuidar con más celo. No hay razón para pensar que esas personas desconocen lo importante que es el tiempo, incluso muchos se ofrecen a regalar parte de sus años a los que quieren; y se lo dan sin saber lo que están dando, aunque el resultado es que lo pierden sin incremento para el que lo recibe; pero no se dan cuenta de la pérdida; la pérdida de algo que no se conoce es imperceptible. Nadie te devolverá tus años. La vida seguirá su camino y nunca volverá atrás ni revisará su curso, no hará ruido, no te recordará su rapidez ni su dulzura. Se deslizará en silencio. Así como empezó el primer día, así fluirá, no volverá atrás, no se detendrá. ¿Y cuál será el resultado? Has estado distraído, la vida pasó. Mientras tanto, la muerte se presentará y, quieras o no, la tendrás que atender.

¿Hay algo más necio que el sentimiento de los que presumen de prudentes? Viven con muchas penalidades y esfuerzos con la esperanza de vivir mejor; gastan la vida en querer vivir. Planean con vistas a un futuro distante, cuando la procrastinación es el mayor error en la vida: anula el día en el que viven y los arranca del presente con la esperanza de un futuro mejor. La mayor dificultad para vivir es la espera, porque malgasta el presente y depende del mañana. Dejas en manos de la fortuna lo que está en tus propias manos. ¿Dónde estás mirando?, ¿adónde te extiendes? Todo lo que está por llegar es incierto: *carpe diem*.

Recuerda estas palabras: «Los mejores días de los míseros hombres son los primeros en volar».

¿Por qué dudas? Como no agarres los días, volarán; y aunque creas que los agarras, todavía vuelan; por lo tanto, debes usarlos lo más rápido que puedas para contrarrestar su fugacidad y beberlos como de un torrente caudaloso que pronto quedará seco. ¿Por qué, entonces, esperas impasible tener largos años de prosperidad cuando el tiempo corre tan voluble y rápido? ¿Hay alguna duda de que a las personas atareadas les huyen primero los mejores días? La vejez los sorprende cuando aún son niños, y llegan a ella indefensos, sin esperarlo, no se daban cuenta de que iban llegando día a día. De la misma manera que un viajero se entretiene leyendo durante un viaje y, sin darse cuenta, llega al destino sin esperarlo, los ocupados no se dan cuenta de lo que es la vida más que al final.

Dividamos la vida en tres períodos: lo que ha sido, lo que es y lo que será. De ellas, el presente es breve; el futuro, incierto; y el pasado, seguro.

El pasado es el único sobre el que la fortuna ha perdido sus derechos; el único que no se puede cambiar. Pero los atareados lo han perdido, no tienen tiempo para recordar, e incluso, cuando pueden, lo evitan para no recordar aquello de lo que se arrepienten. Nadie, a menos que todos sus actos hayan sido siempre controlados por su propia conciencia, recuerda voluntariamente el pasado. El que ha codiciado ambiciosamente, despreciado con orgullo, despilfarrado con imprudencia o deslealmente traicionado, por fuerza debe temer a su propia memoria. Esa es nuestra parte sagrada e intocable, más allá de las desgracias humanas, fuera del dominio de la fortuna e imperturbable al deseo, al miedo y a la enfermedad, y que nunca podrá ser molestada ni golpeada; la poseeremos para siempre inmarcesible.

El presente es incierto, cambiante; sin embargo, el pasado, cuando lo reclames, se presentará y lo examinarás, cosa para la que no tienen tiempo los frívolamente atareados. Es un privilegio de las mentes tranquilas y serenas poder recapacitar acerca de todas las etapas de su vida, pero las mentes de los atareados son como animales bajo el yugo, que no se pueden girar y mirar atrás.

El presente es muy corto; de hecho, para algunos parece no existir, siempre está en movimiento, fluye, corre y desaparece antes de llegar. Los atareados están preocupados por el presente; es tan corto, que no se puede coger, e incluso a ellos, ocupados en muchas tareas, se les escapa. Quizás me preguntes a quién llamo «atareados». No son solo aquellos que desde el amanecer están buscando puerta por puerta clientes ni aquellos a los que encuentra la noche en su trabajo ni a los que ves gloriosos siempre rodeados de sus seguidores. Incluso el ocio de algunas personas es tarea; en su villa, en su butaca, en su bicicleta, en completa soledad, aunque se hayan apartado de toda la sociedad, resultan molestos para ellos mismos. ¿O deberíamos decir mejor que esas personas no viven en el ocio, sino más bien que su ocupación es la pereza? ¿Llamas ocioso a quien se dedica a coleccionar monedas y a limpiarlas todos los días? ¿A quien lista y revisa todos los días sus bienes? ¿Al que se pasa todo el día en el peluquero, revisando los nuevos pelos que le brotan, o quejándose al peluquero por no haberle rasurado por encima de las orejas? ¡Cómo se enfadan con el peluquero si es poco cuidadoso, como si peinara a un hombre! ¿Quién de esos no preferiría que el Estado se descompusiera antes que su peinado? ¿Cuántos de esos no se preocupan más de su cabello que de su salud? ¿Quiénes no preferirán más la apariencia al honor? Esos no tienen una vida ociosa, sino un perezoso oficio.

Llevaría tiempo describir las vidas de aquellos que malgastan el día completo practicando deporte, tomando el sol o jugando a las cartas; esos no estarán ociosos si sus placeres se convirtieron en un trabajo.

Serán hombres ociosos también aquellos que se entreguen a la sabiduría; solo ellos viven realmente. No solo disfrutan de su tiempo, sino que, además, se añaden cualquier otro; todo el tiempo pasado les pertenece. A menos que fuéramos las criaturas más desagradecidas del mundo, deberíamos reconocer que nuestros antepasados, fundadores de las escuelas de pensamiento, nacieron para nosotros y nos han preparado el camino. Con su esfuerzo, se han sacado de la oscuridad las cosas más bellas para mostrárnoslas; no tendremos prohibido el acceso a ninguna época, accederemos a donde queramos y, si lo deseamos, con nuestra mente podremos pasar a través de los estrechos límites de las debilidades humanas y extendernos en una gran cantidad de épocas dispuestas a nuestra voluntad. Podremos discutir con Sócrates, aprender con Aristóteles, sosegarnos con Plutarco, liberarnos con Nietzsche, someter la naturaleza del hombre con los estoicos, excederla con los cínicos o transgredirla con tus contemporáneos, como con García Márquez y deleitarse con una nevada de pétalos de flores en verano en Colombia cayendo desde el suelo hacia el cielo azul. Si la naturaleza nos permite amistarnos con cualquier época, ¿por qué no apartar este miserable espacio de tiempo actual y rendirnos al pasado, que es eterno, sin fronteras, y convivir con los mejores? Estos estarán siempre disponibles, después de visitarlos estarás más contento que al entrar, puedes encontrarlos por la noche o por el día. No te forzarán a morir, te enseñarán a ello; ninguno consumirá tus años, sino que te entregarán los suyos; tomarás de ellos todo lo que quieras. Tendrás amigos en los que buscar consejo, de los que escucharás la verdad sin insulto, ser elogiado sin lisonja, y a los que imitar.

Solemos decir que no está en nuestro poder elegir los padres que nos tocan, que nos son dados por azar, mas todavía podemos renacer y ser los hijos de quien queramos. Hay casas de nobles intelectos, elige en cuál deseas ser adoptado. Heredarás no solo el nombre, incluso la propiedad, la cual no será necesaria mantener con avaricia: cuanto más la compartas, más grande se hará. Ellos te marcarán el camino a la inmortalidad y te elevarán a una altura de la que nadie te podrá sacar.

Aquellos que se olvidan del pasado, descuidan el presente y temen el futuro tienen una vida triste y breve; cuando llegan al final, los infelices comprenden demasiado tarde que han estado ocupados en hacer nada.

Así pues, querido amigo, deja tus negocios y apártate de la multitud; ya has navegado muchas tormentas, dirígete a un puerto tranquilo. Piensa a cuántas olas te has enfrentado, cuántas tempestades has soportado en tu vida personal y en la profesional. Largamente has dado muestra de tu virtud en la adversidad: prueba a ver cómo responde ahora en el ocio. Has dado la mayor parte de tu vida a tus negocios, toma ahora parte de tu tiempo y dedícalo a ti. Y no te emplazo a una in-acción perezosa o descuidada, ni a que apagues toda tu energía con placeres vulgares, eso no es descanso. Encontrarás tareas en las que emplear tu energía, en las que ocuparte tranquilo y feliz, ayudando a los demás.

V. A LA LEYENDA

«Feliz es aquel que no es esclavo
de sus miedos ni de sus deseos».

Me alegra el poder volver a encontrarnos de nuevo a finales de verano; en ese momento daré respuesta a gran parte de las cuestiones que me fuiste planteando en tus anteriores cartas, pero ahora te iré adelantando mis reflexiones y consejos.

Mis últimos días en Córcega los he dedicado a la lectura y a gozar de la presencia de algunos amigos comunes de cuya presencia, por mi situación actual, me vi privado. No me basto a mí mismo y necesito vuestro contacto.

Cuando llegues a la ciudad, no olvides acercarte a las columnas del templo de los Dioscuros a hacer ofrendas, ellos te darán la potencia necesaria para superar a tus rivales y el poder para navegar entre ellos en calma en medio de la tormenta.

***

Todos, querido amigo, desean vivir felizmente, pero están perdidos a la hora de encontrar qué es lo que hace la vida feliz. Hasta tal punto es difícil conseguirla, que cuanto más enérgicamente se persigue, si uno equivoca el camino, más se apartará de ella.

En primer lugar, deberíamos definir qué es lo que perseguimos y, acto seguido, definir cómo llegar lo antes posible. Durante el camino, si es el correcto, comprobaremos día a día el progreso conseguido y divisaremos cuán cercano es el objetivo al que nos empuja nuestro deseo natural.

En tanto que sigamos caminando dando bandazos, sin seguir guía alguna, sino solo los gritos y el clamor de los que nos invitan a continuar errando en diversas direcciones, malgastaremos nuestra corta vida deambulando, incluso aunque nos dedicáramos día y noche a tener un buen entendimiento. Por lo tanto, una vez decidido a dónde vamos y por qué camino, no comencemos el viaje sin el consejo de un experto que haya explorado anteriormente la región a la que nos encaminamos, porque este viaje no está sujeto a las mismas condiciones que otros; en aquellos, seguir los caminos marcados y preguntar a los nativos garantiza llegar al destino, pero en este los caminos más desgastados y frecuentados son aquellos que nos dejarán más perdidos.

Nada hay más importante, por tanto, que no seguir, como ovejas, el rebaño de los que han ido delante de nosotros y no encaminarnos a donde va la gente, sino a donde deberíamos.

Ahora bien, nada nos meterá en mayores problemas que la sumisión a la opinión común y creer que es mejor lo que todo el mundo considera como tal, tomando falsedades como cosas verdaderas, y el no vivir de acuerdo con la razón, sino con la imitación. Esa es la causa del gran hato de personas que corren abalanzándose unas sobre otras. En semejante aglomeración, cuando la multitud se presiona a ella misma, nadie puede caer sin arrastrar al que tiene al lado, y aquel que va primero causa la destrucción del que va detrás. Eso lo puedes ver en la vida real, nadie yerra simplemente por sí mismo, sino que uno es la causa y el ejemplo del yerro de otros. Es peligroso seguir la marcha de los que nos preceden, y ya que es más fácil creer que formarnos nuestra propia opinión, nunca reflexionamos sobre la vida, perecemos porque seguimos los ejemplos de otros que nos llevan a la ruina. Nos curaremos de este mal en el momento en que nos desenganchemos de la multitud, pero hay que tener cuidado, ya que la muchedumbre va a luchar en contra de la razón en defensa de su propio error.

Primeramente, atiende a lo que consideraba felicidad Aristóteles:

Considérese felicidad a un buen obrar virtuoso, o una independencia económica, o a una vida estable y placentera, o a un exceso de cosas y personas, con la facultad de conservarlas y disfrutarlas; mucha gente confiesa que alguna o muchas de estas cosas es la felicidad.

Merecen todo el reconocimiento estas palabras de uno de los más grandes, pero, aun siendo correctas en su momento, creo que en la actualidad necesitan alguna corrección. Para no hacerte dar más vueltas, pasaré a darte mi opinión acerca de lo que es la vida feliz: es aquella que es conforme a su propia naturaleza. Esta no puede llevarse a cabo si no se da primero en una mente sana que permanece sana en el tiempo. Después, debe ser audaz y vigorosa, soportando todas las circunstancias con encomiable coraje, adaptada a los tiempos que le tocan vivir, cuidadosa con el cuerpo y sus vicisitudes, pero no excesiva en el cuidado. Debe poner en valor también las cosas que adornan nuestras vidas, sin sobreestimar ninguna de ellas, y debe ser capaz de disfrutar los regalos de la fortuna sin convertirse en un esclavo de ella.

Comprenderás que la tranquilidad y la libertad nos alcanzarán cuando apartemos todas aquellas cosas que nos excitan o asustan; en vez de los placeres sensuales y los miedos, siempre causas de esclavitud, ganaremos una inmensa, inmutable y estable alegría, junto con paz, calma y grandeza de espíritu, y bondad —ya que toda crueldad es signo de debilidad—.

Por lo tanto, la definición de nuestro bien supremo puede ser expresada de forma larga y difusa o escrita de forma corta y concisa. Así que sería lo mismo si dijéramos que «el mayor bien es una mente que desprecia los accidentes de la fortuna y se contenta con la virtud» o «una inconquistable fortaleza de espíritu, buena conocedora de su entorno, caballerosa en sus obras, mostrando cortesía y consideración con sus conciudadanos».

Si me aceptas otra definición, podríamos llamar feliz a aquel que ni teme ni desea gracias a la razón, pero las piedras no sienten miedo ni tristeza; tampoco las vacas. No se puede llamar feliz a quien no comprende lo que es la felicidad. Pon en el mismo a saco a aquellos a los que su desconocimiento de sí mismos y su obtusa naturaleza reduce al nivel del ganado. No hay ninguna diferencia entre los unos y los otros. Lo primero no tiene entendimiento y los últimos tienen tan solo una versión corrompida de él, torcida y astuta tan solo para su propia desgracia. La vida feliz es inamovible y está basada en un verdadero y confiable discernimiento. La persona feliz es aquella que puede juzgar correctamente todas las cosas; es feliz aquella que en sus circunstancias, sean las que fueren, está satisfecha con las condiciones de su vida; aquella que somete a la razón todas sus circunstancias.

Algunos niegan que se pueda separar el placer de la virtud. No veo cómo pueden tener estos dos elementos tan lejanos alguna interconexión entre ellos. Si no fueran inseparables, no veríamos cosas placenteras, pero no honorables, y otras honorables solo conseguidas tras gran sufrimiento. Añade a esto que el placer alcanza a veces a personas corrompidas, sin embargo, la virtud no las admite; incluso encontrarás gente triste en el placer, que lo es debido a ese mismo placer que los corrompe. Todo esto no sucedería si el placer tuviera conexión con la virtud. La virtud es algo elevado, sublime, regio, inconquistable, incansable, mientras que el placer es desvalido, servil, bajo, perecedero; sus guaridas y hogares son el burdel y la taberna. Encontrarás la virtud en la escuela, la plaza del mercado, la casa del pueblo, cubierto de polvo, quemado por el sol, con las manos calientes. Encontrarás el placer escondido fuera de la vista, buscando rincones oscuros en los baños públicos, reservados y lugares que temen las visitas del orden, suaves, débiles, apestando a vino y perfumes, pálidos o quizás pintados y maquillados con cosméticos.

Por eso nuestros antepasados nos recomendaron seguir la vida mejor, no la más placentera, en la que el placer no sea el guía, sino el acompañante de una mente recta y moderada.

Aunque la virtud pueda provocarnos placer, no la buscamos por ese motivo; no es el fin para el que trabaja, pero, de regalo, nos lo procura. De la misma manera que en un campo que labramos para plantar trigo podrían brotar por casualidad algunas flores que nos alegraran la vista, aunque el objeto del trabajo no era contemplar las flores, sino buscar alimento, igualmente los placeres de la vida no son la recompensa o la causa de la virtud, sino que vendrán por añadidura.

Cualquiera que piense que la felicidad consiste en un ocio perezoso y alternancias de gula y lascivia, cuando crea que sus vicios son acordes con las normas, no los satisfará en solitario y a escondidas, sino que se complacerá a la luz del día.

Repito que nadie puede vivir en el placer si no es honestamente también, y entenderás que no es el caso de los animales irracionales, que miden su felicidad en proporción a su alimento. De nuevo afirmo que lo que yo llamo vida placentera no puede existir sin añadirle la virtud. Ahora bien, ¿quién cree desconocer que los idiotas no beben de esas fuentes del placer o que el vicio está lleno de gozos o que la misma mente sugiere variantes depravadas del placer? En primer lugar, la arrogancia, la excesiva autoestima, la altivez sobre los demás, su devoción ciega por sus propios intereses, el lujo disoluto, la exaltación excesiva motivada por las causas más insignificantes e infantiles, y también la mordacidad que se complace en insultar a los demás, la indolencia y la decadencia de una mente aburrida, apática consigo misma.

Todo esto se disipa con la virtud, que nos tira de la oreja y evalúa los placeres antes de usarlos y no le da mayor importancia a los que ha probado, simplemente permite su uso, y su alegría no se debe a su uso, sino a la moderación en su empleo. Sin embargo, cuando la moderación disminuye el placer, malogra lo que para algunos es el bien más alto. Eres cautivo de los placeres, yo los sujeto; te entregas al placer, yo lo uso; piensas que es el bien supremo, ni siquiera creo que sea bueno; por el bien del placer tú lo haces todo, yo no hago nada.

Es un sinsentido, e ignora nuestra propia condición, el quejarse por no haber conseguido algo o porque ha sido penosa su obtención, o sorprenderse o indignarse por aquellos males que suceden tanto a los hombres buenos como a los malos, como las enfermedades, la muerte, los padecimientos o cualquier otro accidente de la vida humana. Aceptemos con magnanimidad lo que la providencia quiere que arrastremos. Estamos todos obligados por este juramento: soportar los males de una vida mortal y aceptar con gracia lo que no podemos evitar. Hemos nacido en una monarquía: nuestra libertad obedece al destino.

Aquellos que ladran contra nosotros dicen de nuevo lo que suelen:

> ¿Por qué entonces predicas lo que no sigues? ¿Por qué controlas tus palabras delante de tus superiores y consideras el dinero como imprescindible, y estás preocupado cuando pierdes dinero, o lloras cuando escuchas la muerte de tu mujer o de un amigo? ¿Por qué haces caso a los rumores y te sientes molesto por calumnias? ¿Por qué tu jardín está más cuidado de lo que es necesario? ¿Por qué no cenas de acuerdo con tus predicamentos? ¿Por qué tus muebles son tan excesivos? ¿Por qué bebes un vino más viejo que tú? ¿Por qué muestras tus joyas? ¿Por qué plantas árboles que no te van a dar nada más que sombra? ¿Por qué tu mujer lleva colgando de las orejas joyas que valen más que las casas de tus amigos? ¿Por qué visten tus hijos en el colegio ropas tan costosas?

A ellas puedes añadir, si quieres, las preguntas «¿por qué tienes una segunda casa cerca del mar?» y «¿por qué tienes más de lo que necesitas?». Añadiré más reproches en adelante y me culparé de más cosas de las que puedas imaginar, pero ahora voy a contestar:

No soy un sabio y —añadiré para aumentar su resentimiento— nunca lo seré. No me requieran estar al nivel de los mejores, solo ser mejor que los peores. Estaré contento si cada día disminuyo alguno de mis vicios y corrijo mis faltas. No he llegado a la perfección y tengo claro que nunca llegaré. Comparado con sus pies lisiados, soy un campeón olímpico. Esto no lo digo solo por mí, que estoy enganchado a toda clase de vicios, sino por aquellos que han hecho algún avance.

«Hablas de una manera y vives de otra», objetaban las criaturas malvadas que mostraban el odio más amargo a los mejores, como a Platón, el que predicaba cómo deberíamos vivir, no cómo él alcanzó a vivir tratando de acallar a diario el alboroto de sus vicios. Utiliza su vida como ejemplo de moderación en los momentos en los que te veas superado.

Hay que admirar a los que intentan tan grandes retos, incluso aunque caigan.

Quien puede dudar de que a una persona sabia, si es rica, le será más fácil desarrollar su virtud que si es pobre, pudiendo en este último caso solo mostrar el no ser aplastado ni pervertido por su pobreza, mientras que si es rico podrá mostrar su disposición para la templanza, la generosidad y la grandeza.

Ponme en la casa de alguien muy rico, donde se desprenda lujo de las cosas más insignificantes, no me inflaré por las riquezas de esa mi casa, ya que no forman parte de mí. Llévame debajo de un puente a vivir entre los indigentes, no me menospreciaré por estar sentado entre aquellos que alargan su mano para pedir limosna. ¿Qué importa que le falte un pedazo de pan a quien no puede escapar de la muerte? Bien, ¿entonces? Prefiero la vida en el lujo a vivir bajo un puente. Recuerda de dónde vienes, querido amigo, y dónde te encuentras ahora.

Me gustaría que cada día discurriese de acuerdo con mis deseos, que nuevas alegrías se enlazaran con las anteriores; aun así, no me enorgullecería de mí. Cambia toda esa fortuna por desgracia, deja que mi espíritu sea distraído por pérdidas, pena, diferentes ataques; que cada hora sufra diferentes disputas, incluso así, atacado por grandes miserias, no me consideraré el mayor miserable de los seres, no maldeciré ningún día en particular, porque me he cuidado de no tener malos días. ¿Qué pasa entonces con todo esto? Que prefiero sujetar mis alegrías a reprimir mis penas.

Despreciaré el dominio de la fortuna, pero si me dieran a elegir, elegiría lo mejor de ella. Haré que lo que me llegue se convierta en algo bueno, pero es claro que prefiero que todo lo que me suceda sea grato y placentero y que no me cause molestias. No hay que esperar que exista alguna virtud sin trabajo; algunas virtudes necesitan estímulos, pero otras requieren más bien algún freno; como el ir reteniendo nuestro cuerpo en un camino descendente o empujarlo para subir uno empinado; así también el camino de algunas virtudes va cuesta arriba mientras en otras va cuesta abajo. ¿Se puede dudar de que la paciencia, el coraje, la perseverancia y todas las demás virtudes que tienen que enfrentarse a una fuerte oposición, y aplastar a la fortuna bajo sus pies, están escalando, luchando, fatigándose en cada paso que avanzan? ¿¡Por qué!? ¿No es igualmente evidente que la generosidad, la moderación y la afabilidad se deslizan cómodamente cuesta abajo? Esto último debemos mantenerlo en nuestro espíritu, no sea que huya con nosotros. Primero, debemos animarlo y estimularlo; por lo tanto, debemos aplicar a la pobreza estas virtudes enérgicas y combativas, y a las riquezas las más ahorrativas, ligeras, las que apenas soportan su propio peso. Esta es la diferencia entre ellas, pero preferiría ocuparme de aquellas que pudiera practicar en calma que de aquellas cuya práctica conlleva sangre y sudor.

«¿Qué diferencia hay entonces entre yo, por momentos un necio, quizás por mi juventud, y tú, que eres sabio?», preguntas. Grandísimas: las riquezas en casa del sabio son esclavas, mientras que en casa del necio son las que gobiernan.

VI. AL SOBERBIO

«El gran remedio para la ira es el tiempo».

Me has apremiado, querido amigo, a que te prescriba alguna forma de someter a la ira, y entiendo que por tu experiencia temes más que a ninguna otra a esta pasión oscura y colérica. Todas las otras pasiones tienen algo de paz y tranquilidad; esta solo consiste en conmoción, rabia, resentimiento, despreocupada de uno mismo con tal de dañar al otro; hambrienta de venganza, que traerá consigo a un vengador.

Algunas personas sabias indicaban que la ira era una breve locura, ya que, igual que con esta, se pierde el control, se olvida la decencia, se desprecian las relaciones, quien la padece se obsesiona con lo que pretende, se cierra a la realidad, se agita sin razón, es incapaz de discernir lo justo y verdadero; se desploma, en fin, la razón como un edificio que colapsa y se convierte en ruinas y escombros.

Por sus expresiones, podrás ver que los poseídos por la ira no están sanos; de la misma manera que los síntomas de la locura se pueden ver en una expresión desvergonzada y amenazadora, el rostro triste, el color cambiado, el caminar acelerado, las manos inquietas, la respiración apurada, con los mismos síntomas verás a los irascibles: sus ojos se inflaman y centellean, sus caras enrojecen por la sangre que hierve en sus venas, sus labios tiemblan, les rechinan los dientes, se les eriza y levanta el pelo, su respiración es forzada y ruidosa, les crujen las articulaciones cuando se retuercen, hablan entrecortado y no se los entiende, chocan las manos repetidamente... Ese es el terrible aspecto que muestran los que se trastornan por la ira.

Todas las otras pasiones las puedes ocultar y alimentar en secreto, pero la ira sale al exterior y se muestra en los gestos, haciéndose más evidente a medida que crece furiosa. Piensa en cómo se comportan los animales momentos antes de atacar, pasan de la calma a la ferocidad. El jabalí echa espuma por la boca y afila los colmillos restregándolos entre ellos, los toros embisten al aire y restriegan sus pezuñas contra el suelo, los leones rugen, las serpientes hinchan su cuello cuando se ven amenazadas y los perros rabiosos muestran sus dientes; ningún animal da tanto pavor como cuando lo invade el miedo. No desconozco, por supuesto, que hay otras pasiones difíciles de esconder, como el miedo y el deseo, que muestran señales y se dan a conocer de antemano, cambiándonos, por ejemplo, la expresión del rostro. ¿Cuál es la diferencia entonces? Esas pasiones son visibles, pero la ira explota.

Ahora, si quieres conocer sus daños, ninguna desgracia costó más a la humanidad: niños vendidos como esclavos, matanzas, envenenamientos, ciudades arrasadas, naciones barridas del mapa...

Ahora que ya está claro qué es la ira, parece también clara la diferencia entre esta y la irritabilidad, de la misma manera que estar bebido se diferencia de estar borracho, o tener miedo de estar aterrorizado. El individuo irritado puede no ser iracundo, así como el iracundo puede a veces no estar irritado.

Hay algunas formas de ira que se apagan con gritos, otras frecuentes y difíciles de manejar, otras violentas no amigas de las palabras, otras que se desparraman en un torrente de maldiciones; algunas formas no van más allá de enfurruñamientos y blasfemias, pero otras son profundas, pesadas y se quedan dentro. Hay cientos de posibilidades en este vicio de mil caras.

Por lo tanto, hemos definido ya qué es la ira, en qué se diferencia de la irritabilidad y en qué formas se presenta. Ahora pasemos a ver si es natural, si útil y si pudiera ser utilizada alguna cosa de ella en alguna medida.

Si es conforme a la naturaleza, lo advertiremos si observamos a las personas de cerca. ¿Quién está más inclinado hacia al amor de los otros que el ser humano? ¿Qué es, por otro lado, más cruel que la ira? Las personas han nacido para ayudar, la ira para destruir. Las personas buscan reunirse; la ira, separarlas. Buscamos ser útiles; la ira, dañar; Queremos auxiliar al necesitado; la ira, atacar incluso a los más cercanos. La ira, como dijimos, está hambrienta de castigo, y la presencia de ese mal en el pecho apacible de las personas no es en absoluto acorde con la naturaleza.

Algunas veces será necesario el castigo, pero será sin ira y con uso de la razón para no dañar y que cure con la apariencia de daño. Los médicos, cuando se enfrentan con enfermedades livianas, lo primero que intentan es ordenar la comida, el descanso y el ejercicio para así reconstruir la salud solo con la coherencia. Entonces esperan que moderación haga el bien en el cuerpo; si no mejora, retirará algo; si el paciente sigue sin responder, se reducirá la comida y, si no hay mejora, comenzará con medicamentos y tratamientos más severos, llegando a amputar algún miembro si es necesario. Ningún tratamiento que sane se puede considerar duro.

Preguntas: «¿Sería posible utilizar la ira, aunque no sea natural, porque ha sido útil en algún momento? Levanta los espíritus y los agita contra los peores de los peligros». Esta es la razón por la que muchos piensan que es mejor controlar la ira, no eliminarla, reducirla a límites sanos retirándole los excesos, reteniendo los elementos que no hacen enflaquecer la acción y que no vuelven el espíritu necio.

En primer lugar, es más fácil mantener fuera los vicios que tratar de controlarlos una vez admitidos, porque una vez se hayan hecho dueños, son más poderosos que aquel que los posee, y no tolerarán reducciones ni mutilaciones. Además, la razón, que está al mando, gobierna solo si es ajena a las pasiones; una vez contaminada por estas, ya no puede contener a lo que debió rechazar la entrada. Ciertas cosas están bajo control mientras no se agitan y permanecen quietas, pero cuando comienza el movimiento, no se pueden ya detener y nos arrastran y no hay vuelta atrás. Los que se precipitan desde lo alto de un edificio no pueden ofrecer resistencia a la irrevocable caída de sus cuerpos y no pueden evitar —ni arrepentirse— del resultado de lo que no debieron comenzar. De la misma manera, si la mente se entrega a la ira o a otras pasiones, no podrá contener ya el empuje ni el peso y se verá arrastrada irremediablemente a lo profundo de los vicios. Lo mejor es rechazar, sin duda, los primeros indicios de la ira, apagar las primeras centellas y esforzarse en no caer en ella. La ira no tiene, en fin, nada de útil.

Afirmas: «La ira es necesaria, no puede conseguirse nada sin ella, llena el ánimo y alimenta el espíritu, pero hay que servirse de ella como soldado raso, no como general». Esto es falso. Si escucha a la razón y si sigue lo que ella guía, ya no es ira, que tiene a la rebeldía como principal característica. Por consiguiente, la razón nunca alistará a su milicia impulsos violentos e imprevistos, sobre los cuales no tendrá autoridad y a los cuales no podrá someter si no es oponiendo otros similares, como el temor a la ira, la ira frente a la pereza o el deseo frente al miedo. Que la virtud se mantenga siempre alejada del mal, que nunca tenga que refugiarse en los vicios. Un espíritu en ese estado, defendido por sus propios males, incapaz de ser fuerte si no se irrita, o activo excepto cuando codicia, o tranquilo excepto cuando teme, no encontrará descanso y estará agitado y vacilante. Ha de vivir esclavo de cualquier pasión que le acontezca.

Dices: «Se encolerizan las buenas personas cuando se les hace mal a sus familiares y amigos». Porque muchas personas entren en cólera cuando sufren mal sus familiares, ¿piensas que la gente cree que ha de hacerse lo que ellos hacen, porque casi todo el mundo justifica las pasiones que reconoce en uno mismo? Pero hacen lo mismo si no le traen la bebida lo suficientemente fría, si rompen una copa en su presencia o si sus zapatos son salpicados con barro. No son movidos a la ira por la virtud, sino por la debilidad, como los niños que lloran igualmente la pérdida del padre que la de un juguete. Encolerizarse por los tuyos no es una muestra de cariño, sino más bien de flaqueza. Lo correcto es defender a hijos, padres, amigos o vecinos con responsabilidad, con voluntad, con intención, con prudencia, no por impulso y furia. Dado que ninguna pasión ansía más venganza que la ira, por esa misma razón es incapaz de vengarse. Impetuosa y lila, como cualquier otra forma de codicia, ella misma se trastabilla al buscar lo que pretende. Además, no debemos considerar los vicios como algo bueno por el hecho de que hayan sido beneficiosos en algo en el pasado; en algunas enfermedades la fiebre ayuda a sanar; sin embargo, no es deseable tenerla. Es una cura terrible poner la salud al arbitrio de la enfermedad. De la misma manera la ira, como un veneno, una caída desde lo alto o un naufragio, aunque alguna vez nos fuera de provecho, no por eso será tenida por beneficiosa, porque mayoritariamente ha resultado perjudicial.

«La ira —dices— es útil porque nos hace más violentos». Entonces, la embriaguez debería ser considerada de la misma manera, ya que nos convierte en violentos y desafiantes y muchos se creen los mejores cuando están bebidos. Bajo la misma lógica, cabría pensar que el arrebato y la locura son necesarios para la fortaleza, ya que la locura con frecuencia nos hace más impetuosos. «¿No ha hecho el miedo a la muerte enardecer incluso a los más tímidos a la batalla?». Pero la ira, la embriaguez, el miedo y otras situaciones parecidas son inútiles y repugnantes estímulos, que no refuerzan la virtud, que no necesitan nada que el vicio pueda entregar, solo alegran a mentes indolentes y despreciables. Nadie es más valiente como consecuencia de la ira, excepto aquel que no lo sería en absoluto sin ella.

Insistes de nuevo: «Es imposible que un hombre bueno no se irrite contra los males». De acuerdo con esto, cuanto mejor sea uno, más inclinado a la ira deberá ser, pero ¿no crees que es todo lo contrario? El hombre bueno será más calmado, más libre de las pasiones y no odiará a nadie. Entonces, ¿por qué ha de odiarse a los que yerran, ya que es el error el que los empuja a esas faltas? No es de persona prudente odiar a los que se desvían, si no, debería odiarse a sí mismo. Repase todas las veces que ha actuado de forma inadecuada y en contra de las costumbres, cuántas conductas le han de ser perdonadas, y verá que tendrá que irritarse contra sí mismo. Un juez justo no cambiará su sentencia en función de si está juzgando a otro o a uno mismo. No habrá ninguno, afirmo, que pueda absolverse a sí mismo, y aquel que se declarara inocente, no tendrá en consideración a su propia consciencia, sino que utilizará como testigo al vicio.

La razón es ecuánime y escucha a las partes en la vista, y se da tiempo para encontrar paso a paso la verdad; pero la ira se precipita. La razón persigue que sus acciones sean justas, la ira quiere que sus acciones aparenten ser justas. La razón solo considera los hechos en cuestión, la ira se turba con hechos ajenos. Inflama la ira un semblante seguro, una voz firme, un discurso libre, la sobriedad en el vestir, el cariño de la gente; innumerables veces condena al acusado porque odia al abogado; aunque tenga la verdad delante de sus ojos, ama y ampara el error; rechaza ser convencida y, una vez comenzada mal una acción, cuenta como más honrosa la terquedad que la modestia en reconocer el fallo.

Hasta ahora hemos hablado de la utilidad de la ira y de si se podía utilizar algo de ella o de sus efectos. La materia era abundante y fácil de manejar, pero ahora nos adentraremos en zonas más áridas. La pregunta ahora es si la ira surge de la razón o del impulso, esto es, si actúa bajo su propia conformidad o si, como el resto de las pasiones que brotan en nuestro interior, acaece sin nuestro conocimiento. No hay duda que la ira surge por la apariencia de una ofensa recibida, pero la cuestión ahora es si la ira brota sin asistencia de la razón, siguiendo inmediatamente la apariencia de la ofensa, o si comienza con la ayuda de la razón. La ira no puede nada por sí misma sin la aprobación de la razón, ya que concebir la idea de la ofensa y aspirar a la venganza, y unir estos dos elementos —que no deberíamos ser ofendidos y que es nuestra responsabilidad vengar las ofensas— no puede ser un mero impulso que se excita sin nuestro consentimiento. El impulso es un hecho simple, pero la razón es compleja y está compuesta de varios elementos. La persona entiende algo que ha sucedido, se indigna, lo condena y se venga; todo eso no se puede hacer sin el consentimiento de la razón a esas cosas que le tocan.

Dices: «¿A qué viene la pregunta?». A que debemos saber qué es la ira. Si surge pese a nosotros, nunca atenderá a la razón, porque todos los movimientos que existen en contra de nuestra voluntad son incontrolables e inevitables, como temblar cuando nos bañamos en agua fría o encogernos cuando nos tocan en determinadas partes.

El pelo se eriza al recibir malas noticias, la cara se enrojece por palabras indecentes, nos mareamos cuando miramos hacia abajo desde las alturas: no está en nuestro poder prevenir ninguna de esas cosas, ninguna razón podrá prevenir que sucedan. Pero la ira se disipa con la razón, ya que es un defecto voluntario de esta, y no de aquellos propios de la condición humana y que, por lo tanto, pueden suceder a los más sabios. Entre ellos, debemos contar la agitación del alma cuando recuerda una ofensa. Sentimos esta misma emoción cuando contemplamos un espectáculo, escuchamos una noticia o cuando leemos acerca de sucesos pasados. Nos enardecemos al ver niños pasar hambre mientras sus gobernantes nadan en la abundancia; algunas veces, nos excita la música o también imágenes de torturas y muerte, ambas afectan a nuestra razón; de ahí viene que nos riamos cuando otros se ríen, nos entristezcamos con las penas de los nuestros o nos exaltemos con las victorias de ciertos deportistas. Todos estos sentimientos nos son ira, como tampoco miedo, como cuando presenciamos el derrumbe de un edificio en una representación o cuando leemos el asedio y posterior matanza de los soldados de un fuerte en el pasado. Son emociones de mentes reacias a emocionarse, no son pasiones, pero sí indicios que pueden convertirse en pasiones.

Ninguna de esas impresiones que casualmente influencian la razón merecen ser llamadas pasiones, ya que más bien las sufre, más que provocarlas. Una pasión, por lo tanto, no consiste en afligirse por las impresiones, sino en una rendición ante ellas y una continuación de sus indicaciones. En consecuencia, si alguien imagina que la palidez, los llantos, los excesivos pestañeos, un suspiro o cosas semejantes son signos de pasiones, está errado, y no entiende que son meros impulsos del cuerpo. Así que la persona más valiente se torna pálida ante un tribunal, las piernas del más audaz de los soldados tiemblan por un momento cuando la señal de batalla es dada, el corazón del general sale del pecho cuando las líneas se enfrentan y las manos del más elocuente orador se congelan y cosquillean justo antes de comenzar su discurso. Alguien puede considerarse injuriado, desear venganza, pero ser persuadido por alguna razón para abandonar su intención y calmarse, así que lo anterior no es ira, es una emoción del ánimo bajo el control de la razón.

Ten seguro, cuando veas el teatro abarrotado por una multitud, el Capitolio plagado de gente o el estadio atiborrado de plebe, que entre ellos habrá más vicios que personas. Entre aquellos que ves bien vestidos no hay paz. Por un pequeño beneficio, cualquiera de ellos intentará arruinar a otro; sus beneficios saldrán de la ofensa de otro. Odian al afortunado y desprecian al desafortunado; soportan con disgusto a los poderosos, pero oprimen a los débiles. Se encienden con diversos deseos y destruirían cualquier cosa a cambio de un pequeño placer o botín. Viven como si lo hicieran en una escuela de gladiadores en la que los que allí conviven tuvieran que luchar entre sí. Es la sociedad de las bestias salvajes, pero, a diferencia de las bestias, que son mansas entre ellas y se abstienen de morder a las de su especie, las personas de despedazan entre ellas. Difieren de los animales, sobre todo, en que los animales son mansos y no muerden la mano que les da de comer, mientras que las personas rabian contra quien los mantiene.

La ira, por lo tanto, nunca se deberá convertir en hábito, pero algunas veces simularemos la ira para excitar las mentes dormidas de aquellos a quienes nos dirigimos, como si aguijoneáramos un caballo para incitarlo a que se mueva. Atemorizaremos algunas veces a aquellos que no atienden a la razón; pero estar enojado es tan inútil como estar triste o tener miedo.

Entonces, ¿qué? ¿No hay situaciones en las que nos surge la ira? Sí, pero en esos momentos más que nunca debemos enfrentarnos a ella. Mira los boxeadores, soportan los golpes para debilitar al adversario y no golpean cuando la ira se lo ordena, sino cuando la oportunidad les invita a ello. Se dice que los mejores entrenadores enseñan a sus pupilos a no enfurecerse, ya que la ira echa a perder su ciencia y piensan solo en cómo dañar, no en cómo vencer. La razón aconseja paciencia, pero la ira azuza a la venganza, y aquellos que superaron males iniciales se exponen a males mayores. Conocedor de esto, Muhammad Ali intentó encender esta pasión en sus rivales para que abandonaran a la razón y poder superarlos más fácilmente, lo que consiguió con Joe Frazier.

Después de contender acerca de lo que concierne a la ira, pasemos a buscar cómo remediarla. Dos son, a mi parecer, los remedios: el primero, prevenirnos de caer en la ira, y el segundo, prevenirnos de hacer mal una vez iracundos. De la misma manera que algunas veces mantenemos nuestro cuerpo en régimen para mantener la salud u otras veces le aplicamos medicina cuando la salud se ha perdido, así también haremos con la ira, a la cual debemos ahuyentar o aplacar. Para sortearla, deben ser impresas en nosotros ciertas normas generales de conducta. Las podemos dividir en aquellas cuya impronta hay que estampar durante la educación de los jóvenes y las que se aplican en la edad adulta.

La educación debería ser llevada a cabo con el mayor cuidado, ya que es fácil moldear las mentes mientras son tiernas, pero difícil arrancar vicios crecidos con nosotros.

Es el mayor servicio para con los niños entregarnos a su completa educación, aunque sea tarea difícil, ya que es nuestra responsabilidad ser cuidadosos en no alimentar en ellos la ira ni tampoco embotar su espíritu. Esto necesita especial atención, ya que ambos opuestos, tanto aquello que necesita ser avivado como aquello que hay que extinguir, deben ser alimentados de la misma manera, e incluso los más atentos pueden ser engañados por su semejanza. El espíritu de los niños crece con la libertad y mengua con la servidumbre; aumenta cuando es alabado y lo lleva a esperar grandes cosas de sí mismos. Sin embargo, el mismo tratamiento produce arrogancia e insolencia, por lo que debemos guiarlos entre esos dos extremos. No se tolere nada degradante ni servil, que no suplique por nada ni se le conceda nada por hacerlo, que reciba por sí mismo, por su buen comportamiento en el pasado o por las promesas de buena conducta en el futuro. En las competiciones con sus compañeros no dejaremos que se irrite, le enseñaremos a mantener la amistad con aquellos con quienes compite para que aprenda que lo importante no es herir, sino vencer. Las ocasiones en que salga vencedor o haga algo reseñable, dejaremos que disfrute la victoria, pero que no lo exteriorice en demasía, porque la alegría conduce al engreimiento, y este conduce a una autoestima exagerada y excesiva. Le daremos algún descanso, pero sin corromperse en vagancia e indolencia, y lo mantendremos alejado de los lujos, porque no hay nada que haga a los niños más propensos a la ira que una infancia blanda en los excesos. Los niños a los que se mima en exceso son los que caerán con más frecuencia en la ira. Aquel al que nunca se le negó nada, ese a quien sus ansiosos padres secaban las lágrimas en contra de las indicaciones de sus mayores, no será capaz de soportar una ofensa.

¿No observas, amigo, que a una mayor fortuna le sigue una ira mayor? Esto se observa especialmente en aquellos que son ricos, nobles o situados en grandes puestos, cuando la prosperidad se ha llevado de sus mentes sus más vacías y triviales pasiones. La prosperidad alimenta la ira cuando los oídos del orgulloso son halagados por aduladores que le dicen: «¡Aquel te ha respondido! No actúas de acuerdo con tu dignidad, te menosprecias». Esto y cosas similares, que difícilmente soportarán incluso mentes sanas y bien educadas.

La adulación, por lo tanto, debe ser alejada de los niños. Dejémosles escuchar la verdad, aunque la teman algunas veces. Dejémosles levantarse ante la presencia de sus mayores. Dejémosles que no reciban nada mediante la ira: que reciban estando tranquilos lo que exigían con llantos. Dejémosles que observen las riquezas de sus padres, pero que no las disfruten. Dejémoslesque reciban reproches por una mala acción.

Una vez un niño, educado en la casa de Platón, cuando volvió a casa, observó a su padre gritando con pasión y dijo: «Nunca vi a nadie gritar de esa manera en casa de Platón». No tengo duda de que ese niño imitará más pronto a su padre que a Platón. Ante todo, que su comida sea frugal y sus ropas sencillas, iguales a las de sus compañeros de escuela.

Estos preceptos se aplican a nuestros hijos; en nosotros, el accidente del nacimiento y nuestra educación no admiten ya errores ni consejos; debemos lidiar con lo que sigue. Enfrentémonos a la primera causa de la ira: el creer que hemos sido injuriados; lo que no hemos de aceptar fácilmente. No debemos caer en la ira incluso en el caso de que la injuria se muestre de forma manifiesta, porque algunas cosas falsas tienen apariencia de verdad. Dejemos el tiempo transcurrir, ya que el tiempo revela la verdad. No dispongamos nuestros oídos a las maledicencias, pongámonos en guardia frente a esa debilidad, sepamos que no estamos dispuestos a creer lo que no estamos dispuestos a escuchar, y que no nos irritaremos antes de formar opinión. ¿Qué más puedo decir?

No nos airamos solo por calumnias, sino también por sospechas; una mirada o una sonrisa hacen que nos irritemos con inocentes por una falsa interpretación. Deberíamos, por lo tanto, defender la causa del ausente contra uno mismo y mantener la ira en suspenso, porque un castigo pospuesto podrá aplicarse, pero uno ya impuesto no se podrá revocar.

Creer lo que escuchamos causa grandes males; deberíamos con frecuencia no escuchar, ya que a veces es mejor ser engañado que recelar. Conviene liberar nuestro espíritu de la sospecha y la desconfianza, ya que son causas de la ira. «Ese hombre me saludó descortésmente», «fulano no quiso recibir mi abrazo», «mengano me cortó cuando comenzaba a hablar», «zutano no me invitó a su fiesta», «parece que aquel me mira mal»... Nunca faltarán excusas para la suspicacia. Lo que necesitamos es sencillez y una interpretación benévola de la realidad. No creamos nada hasta que nos fuerce la vista la verdad y reprochémonos vehementemente cada vez que hayamos errado en el juicio para no volver a caer en él.

Otra consecuencia de lo anterior es que no debemos airarnos por cosas pequeñas e insignificantes. Es simplemente locura perder el control porque nos han servido la comida fría, porque los cubiertos están sucios, porque llueve mucho, porque han llegado tarde a nuestra cita o porque el gato del vecino visita nuestro jardín. Nada alimenta más a la ira que excesivos e insatisfechos excesos; el ánimo debe ser endurecido para que solo sienta los golpes severos.

Si queremos ser jueces imparciales de lo que sucede, debemos persuadirnos de que ninguno de nosotros está libre de culpa. De aquí es de donde proviene nuestra mayor indignación, del «yo no falté», «no hice mal»... Afirma, mejor, que no reconoces haber hecho mal. Nos indignamos al ser castigados, aunque estemos incumpliendo en ese mismo momento, añadiendo insolencia y obstinación a nuestra ofensa. ¿Quién es aquel que puede decir que no ha incumplido nunca la ley? Incluso de existir, qué inocencia más pobre la de solo atender a las reglas de la ley. ¡Nuestras obligaciones van más allá de la letra de la ley! ¿A cuántas cosas nos urgen la generosidad, la amabilidad, el honor o la justicia que no están escritas en las leyes? No somos capaces de cumplir con la más reducida interpretación de la inocencia: hicimos el mal, pensamos en el mal, deseamos el mal e incitamos al mal; permanecimos inocentes porque el mal deseado no tuvo éxito. Después de pensar en esto, seamos más justos con los que faltan; y no nos enfademos con los buenos, porque si nos enfadamos con ellos, ¿qué haremos con los otros? Y menos con la providencia, porque todas las incomodidades que nos suceden siguen las leyes de la vida; las enfermedades nos asaltan, cierto, pero de alguna manera hay que huir de este frágil hogar que nos tocó en suerte.

Escucharás a otros decir que alguien habló mal de ti, piensa si tú nos hablado primeramente mal de él, reflexiona: ¿de cuántas personas has hablado mal? Supongamos que algunos no nos quieren hacer mal, sino que nos devuelven el mal recibido de nosotros, que otros actúan con buenas intenciones, otros por obligación, otros en su ignorancia, e incluso aquellos que lo hacen a propósito no lo hacen siempre con intención de ofender, porque pudieron ser llevados a la ofensa por la atracción de decir algo ingenioso o porque no existía otro camino para su ganancia.

Aquel que recuerde las veces que ha sido víctima de falsas sospechas, las veces en que la fortuna le ha asistido y ha hecho su trabajo aparentando el mal, cuántas personas ha comenzado odiando y ha acabado amando, se guardará de airarse con tanta celeridad, sobre todo si se dice a sí mismo después de escuchar la ofensa: «Yo también lo he hecho». Pero ¿dónde encontrarás un juez imparcial?

Aquel que desea las mujeres de sus amigos, considerando que solo ser pareja es una razón para el deseo, ese mismo no tolera que nadie mire a la suya; nadie exige más fidelidad que el traidor; nadie exige más la verdad que el mentiroso; nadie exige más de la justicia que el calumniador. Tenemos los vicios de los otros siempre a la vista mientras los nuestros parecen ocultos, detrás de nuestras espaldas. De aquí que un padre lascivo reproche al hijo hacer fiestas interminables y desapruebe el menor indicio de lujuria en el otro, aunque él hubiera sobrepasado todas las fronteras del vicio; de aquí que los dictadores enfurezcan con los homicidas, los ladrones se irriten con los que roban templos, al igual que los políticos actuales, como tú bien sabes, amigo, que aparentan encolerizarse con la corrupción de otros.

La mayor parte de las personas no se enojan con los pecados, sino con los pecadores. Respecto a nosotros, seremos más moderados si nos preguntamos a nosotros mismos: «¿Hemos cometido alguna vez una falta similar? ¿No hemos caído alguna vez en ese error? ¿Debemos condenar esa conducta?».

El gran remedio para la ira es el tiempo: reclámale al principio demora, no para perdonar la ofensa, sino para poder juzgarla; si se retrasa, se desvanece. No intentes enfrentarla al principio, pues mantiene su fiereza, ataca sus partes y será vencida. Nos airamos por cosas que oímos de otros o por otras que nosotros mismos hemos visto u oído. Ahora, de lo que nos afecta, no deberíamos apresurarnos a creerlas. Muchos mienten para engañarnos y otros porque han sido engañados ellos mismos. Algunos intentan ganar nuestro favor con falsas acusaciones e inventan injurias sufridas solo para aparentar airarse ante nosotros. Los hay que engañan por despecho y buscan romper amistades estrechas. Está también el receloso, que gusta del enfrentamiento y desea observar desde distancia segura el enfrentamiento que él mismo encendió.

Si fueras a dictar sentencia en un juicio, incluso por una pequeña cantidad de dinero en disputa, no darías nada por probado sin pruebas ni testigos; dejarías a ambas partes hablar, les darías tiempo, no despacharías el proceso en un día, porque la verdad se muestra después escuchar a las partes. ¿Y tú condenas a tu amigo sin pruebas? ¿Te indignas con él antes de escucharlo, antes de analizar sus palabras, antes de conocer quién lo acusa o cuáles son sus cargos? ¿Has escuchado a ambas partes? Aquel que instiga en contra de tu amigo, callará si tuviera que probar sus palabras, dirá: «Si me descubres, negaré todo lo dicho, no te diré nada más». Al mismo tiempo, te azuza y él se retira de la contienda. Aquel que no te habla sino a escondidas nunca te hablará en verdad.

De algunas ofensas somos testigos. En esos casos, examinemos la disposición y el propósito de quien las comete. Quizás es un niño. Perdonémosle entonces su juventud, él no sabe que está haciendo mal. Puede que sea un padre. Ha prestado tan grandes servicios que dispone del derecho a herir. Quizás sea tu esposa. Ha cometido un error, al igual que tú los cometes. Podría ser un juez. Considera su opinión acertada, y no la tuya. Se podría tratar de un rey. Si castiga al culpable, alábalo, porque es justo; si castiga al inocente, alábalo, porque es poderoso. Quizás se trate de una calamidad o una enfermedad: te afectará menos si la soportas con tranquilidad. Piensa ahora que quizás sea un imbécil: si te enojas con él, te igualarás a él.

Hemos dicho que hay dos formas de enojarse, la primera, cuando creemos que hemos recibido ofensa, tema que ya hemos tratado, y, la segunda, cuando creemos que hemos sido tratados injustamente, que trataremos ahora. Consideran las personas que algunas cosas son injustas, algunas creen que no deberían padecerlas y otras no las esperaban. Juzgamos injusto todo mal fortuito, por lo tanto, nos exaltamos especialmente contra aquello en contra de nuestra voluntad o expectativas, y por eso nos irritamos con nimiedades domésticas y llamamos ofensas a la indiferencia de nuestros cercanos.

¿Cómo nos afectan entonces las ofensas de nuestros enemigos? Porque no las esperábamos, o no a tan gran escala. Esto es debido a nuestro excesivo amor propio; nos creemos intocables incluso para nuestros enemigos. Toda persona lleva dentro el ánimo de un déspota, está dispuesta a cometer excesos, pero no a sufrirlos. Así pues, es la ignorancia o la arrogancia lo que nos mueve a la ira. ¿Qué hay de extraño en que el enemigo dañe? Recuerda que no hay peor excusa para un gobernante que decir «no lo pensé». Piensa en todo y espéralo todo.

«La ira contiene cierto placer, ya que agrada devolver el daño recibido» No, no es honesto devolver el mal con el mal. Despreciar ofensas caracteriza a los grandes ánimos, la forma más despectiva de venganza es considerar al adversario no merecedora de ella. Es grande aquel que escucha sereno los ladridos de los perros diminutos.

Dices: «Nos tratarán con mayor respeto si vengamos nuestras ofensas». Si hay que utilizar la venganza como un remedio, que se haga sin ira, y no por placer, sino por utilidad. Muchas veces fue mejor disimular el no haberla recibido que vengarse de ella. Las ofensas de los poderosos no solo deben ser soportadas con entereza, sino soportarse con semblante alegre. Repetirán la ofensa si creen que ya la han impuesto. Lo peor de los ánimos que se han tornado arrogantes por la fortuna es que odian a aquellos a los que ofenden. Todo el mundo conoce las palabras de aquel cortesano de déspotas cuando alguien le preguntó cómo había conseguido la rareza de llegar a viejo en la corte y replicó: «Recibiendo ofensas y dando las gracias por ello». Algunas veces es tanto mejor reconocer las ofensas que vengarlas.

Ofendido Julio César por las ropas y los peinados del hijo de Pastor, un distinguido caballero romano, lo envío a prisión. Cuando el padre rogó que su hijo no sufriera mal, César, como si la súplica le hubiera hecho recapacitar sobre la pena, mandó darle muerte y, para suavizar la brutalidad con el padre, lo invitó a cenar esa misma noche. Pastor acudió con semblante sereno sin mostrar desconsuelo alguno. Propuso César un brindis a su salud y puso un guardia a vigilarlo. El desgraciado hombre tomó la copa sintiendo que bebía la sangre de su hijo. El emperador le envió perfumes y guirnaldas de flores y mandó que observaran si los usaba: los usó. El mismo día en que enterraba a su hijo o, mejor, en el que no pudo enterrarlo, fue sentado entre uno de los cien invitados a un banquete de César y, viejo y gotoso como estaba, bebió en tal cantidad que apenas se mantenía en pie, sin derramar una lágrima, sin permitir que su pena lo traicionase mostrando la más pequeña señal; cenó como si su súplica hubiera obtenido el perdón de su hijo. ¿Y me preguntas por qué hizo todo esto? Porque tenía otro hijo.

Debemos, por lo tanto, abstenernos de la ira, ya sea quien nos la provoque un igual, un superior o un inferior. Un enfrentamiento con iguales es incierto; con un superior, una locura; y con un inferior es despreciable. Es de personas malas y miserables devolver los golpes con golpes. Las hormigas y los ratones enseñan los dientes cuantos les acercas la mano, al igual que los débiles, que creen que se les hace daño si se los toca. Si se irrita alguien contigo, complácelo con atención; una pelea solo tiene lugar si hay dos enfrentados.

VII. A LA VIRTUOSA

Me preguntas: «¿Por qué todos nos recomiendan los vicios?, ¿no podemos retirarnos y buscar algún ejemplo de vida de alguien al que podamos imitar y nos permita vivir felices?». Esto no se consigue sino en el ocio, en el cual podremos vivir conforme a los mejores, donde nadie, con la ayuda del populacho, nos moleste ni interfiera en nuestro todavía débil juicio. Solo con el ocio la vida, la cual malgastamos en actividades superfluas, fluirá conforme a la naturaleza. De hecho, el peor de nuestros males es que cambiamos continuamente de vicios, ya que así perdemos la ventaja de poder sofocar nuestros vicios habituales. Buscamos placer en los vicios y nos trastorna el hecho de que nuestras decisiones no solo sean ligeras, sino también erróneas. Vamos dando vaivenes agarrándonos a una cosa tras otra; dejamos ir lo que deseábamos hacía poco y tratamos de recuperar lo que dejamos marchar, oscilando entre el deseo y el remordimiento; dependemos completamente de las opiniones de los demás, y es eso, lo que mucha gente elogia y desea —no lo que merece ser elogiado o deseado— lo que consideramos mejor; no valoramos si el camino es bueno o malo, solo lo apreciamos por el número de huellas que avanzan en él, sin tener en cuenta que no hay ninguna de nadie que haya regresado.

Dirás:

> Pero ¿qué dices ahora? Me habías dicho en el pasado que debía seguir activa hasta el final de mis días, que participara en la vida pública, que nunca parara de trabajar por la sociedad, que ayudara a la gente particular, que cuando me hiciera vieja prestara ayuda incluso a mis enemigos. Mantenías que debía apartarme del ocio hasta la muerte, y que, si las circunstancias me lo permitían, incluso rehuyera el ocio mientras me estuviera muriendo. ¿A qué viene este cambio ahora?

Ahora te probaré que no estoy desertando de mis maestros, como ellos tampoco se apartaron de los suyos, aunque estaría excusado si siguiera no sus mandatos, sino sus ejemplos. Dividiré lo que voy a decirte en dos partes: en primer lugar, que una persona desde su infancia puede entregarse por completo a la contemplación de la verdad y, segundo, que una vez llegados a la vejez y ya fatigados, se tiene todo el derecho de aplicarse a los demás.

Piensa en la posibilidad de que hubiera dos Estados, uno público y grande en el que existieran dioses y hombres, siendo sus fronteras lo que no toca el sol, y otro en el que hemos sido depositados por el accidente de nuestro nacimiento, como puede ser el tuyo, en América. Algunos sirven a los dos Estados, al mayor y al menor al mismo tiempo; otros solo al menor, otros solo al mayor. Podemos servir al mayor incluso en el ocio, es más, hasta es mejor servirlo en el ocio, investigando qué es la virtud y si es una o varias; si es la naturaleza o el arte o la música lo que hace a los hombres buenos; si todo lo que contiene la tierra y el mar y está dentro de ellos es único; si el universo es infinito e inmortal o está condenado a contraerse y pertenece a la clase de cosas finitas. ¿Qué servicio presta a la providencia quien contempla todo esto? Que haya testigos que puedan compartir tanta belleza.

Solemos decir que el bien mayor es vivir de acuerdo con la naturaleza. Esta nos concibió para ambos propósitos: para la contemplación y para la acción. Probemos ahora lo que dijimos antes, ¿quién no dará esto por probado si después de estudiarse a sí mismo no reconoce el gran interés que tiene por descubrir lo desconocido? ¡Cómo se enciende nuestra curiosidad con cualquier tipo de cuento o aventura!

Algunos emprenden largos viajes y experimentan la fatiga de largas jornadas por la simple recompensa de descubrir algo oculto y remoto. Esto es lo que arrastra a la gente a los espectáculos, lo que lleva a hurgar en lo cerrado, a fisgonear en lo secreto, a desenterrar lo antiguo y a interesarse por las costumbres de pueblos lejanos. La naturaleza nos ha otorgado una disposición a la curiosidad, y conociendo ella su belleza y bondad, nos ha engendrado para ser espectadores de su vasto trabajo, porque, si no, perdería el fruto de su esfuerzo si solo mostrara cosas tan grandiosas, tan nobles, tan sublimes, a la soledad. Para que estés segura de que ella deseaba que fuera contemplada, no solo mirada, fíjate en el lugar donde nos colocó: nos sentó enfrente de ella desnuda y nos dejó contemplarla sin rubor. Nos permitió seguir el curso de las estrellas desde su nacimiento hasta su ocaso; dispuso seis constelaciones por la noche y seis por el día, y se mostraba delante de nuestros ojos de tal manera que excitaba nuestra curiosidad de conocer el resto de los astros.

Aún no hemos observado todas las cosas ni conocemos su verdadero alcance, pero nos ha despertado el interés por conocer, y fija las bases desde las cuales nuestro conocimiento puede pasar de lo obvio a lo menos conocido y averiguar algo más antiguo que el mundo mismo, como el origen de los astros: cuál era el estado del universo antes de que esos elementos fueran separados de la masa primigenia, qué principio los disoció, quién asignó sus lugares a las cosas, si es conforme a la naturaleza que lo pesado se hunda y lo liviano flote, y si detrás del peso de los cuerpos hay alguna otra fuerza más alta que los rige. Nuestro pensamiento sobrepasa las murallas del cielo y no se contenta solo con conocer lo que nos es mostrado.

Pero —dices— es diferente si te dedicas a contemplar la naturaleza sin esperar nada a cambio, solo por el propio placer de observarla, como si me pasara tardes enteras viendo y aprendiendo cómo revolotean las mariposas entre las flores; en ese caso sería muy atractivo, y creo que agradable para mí, pero difícil de realizar en estos días; ser capaz de romper con todo mi trabajo y lo que he conseguido hasta ahora, todo ese esfuerzo, no sé si sería capaz; lo perdería todo.

A eso te respondo:

¿Con qué intención te dedicas a la música, si nunca descansas y nunca reservas tiempo para sacar tu mente del frenesí diario que soportas y ya tu ánimo natural parece extrañar tu mente? De ninguna manera es recomendable el dedicarse a acumular riquezas abandonando a la virtud, y no hacer nada, excepto trabajar duro sin ejercitar el intelecto, porque todas estas cosas han de combinarse y unirse entre ellas; al igual que la virtud en el ocio sin acción es un incompleto y débil bien, ya que no comparte con los demás lo aprendido. ¿Cuál es el propósito del sabio cuando se retira al ocio? Sabe que en el ocio y en la acción podrá estar al servicio de la posteridad.

Te dije: «Has de intervenir en los asuntos públicos a no ser que algo te lo impida». Si el Estado está tan corrompido que ya no se le puede ayudar, la persona inteligente no trabajará en vano o malgastará sus fuerzas en infructuosos esfuerzos. Si ha perdido ya la influencia o la fortaleza, y si el Estado rechaza su ayuda y la salud no le acompaña, no ha de emprender un viaje para el que no está preparado, como no se botaría a la mar un barco con las velas rotas, o como no se alistaría en el ejército un ciego. Si ese Estado que soñamos no lo encontramos en la tierra, es claro que el ocio es necesario para todos, porque la mejor alternativa al ocio no está disponible para nosotros.

Si uno dice que navegar es cosa maravillosa, pero a continuación dice que no conviene navegar en zonas de frecuentes naufragios y donde las tormentas son habituales y desvían a los pilotos de su rumbo, imagino que ese hombre, mientras alaba la navegación, está prohibiendo soltar amarras.

Por lo tanto, aquel al que aún acompañe la salud y la fortuna, tiene el derecho, antes de que alguna tormenta lo tuerza, de mantenerse en lo seguro y ofrecerse a las artes nobles y al ocio, y al servicio de aquellas virtudes que pueden ser practicadas incluso por el más aislado. La deuda que hay que pagar por haber nacido es tener que ser útiles a los demás; si fuera posible, a la mayor parte de ellos; si no puede ser a todos, al menos a unos pocos; si tampoco a los menos, siquiera a nuestros vecinos; y fallando a todos, al menos a nosotros mismos. Al ayudar a otros cumplimos nuestra obligación con la humanidad. Así como aquel que se hace peor no solo se daña a sí mismo, sino que daña a aquellos a los que pudiera haber ayudado si fuera mejor, porque el que busca el bien para sí mismo lo busca para los demás, el que busca ser mejor hará el bien a los demás por el hecho de que está preparando lo que será de servicio para ellos.

VIII. AL EJEMPLAR

«El que no se contente con lo que tiene,
aunque se vea dueño del mundo,
se tendrá por infeliz».

Séneca

En junio visitaré de nuevo tu ciudad. Dices que durante ese mes la pasión invade sus calles. La lujuria también invadía Roma durante las fiestas del solsticio, antiguamente en honor de Juno, y los enormes preparativos todo animaban, pero hoy ya no se diferencian los días de labor de los de fiesta; y tenían razón los que decían que junio antes era un mes, pero que ahora se vive el año entero. Partiré de vuelta en las calendas de agosto con intención de llegar a Roma a las ofrendas en el altar de Hércules, bajo la basílica de Santa María en Cosmedin, al que me gustaría que asistieras. En el pasado sacrificábamos un toro para honrar a Hércules por habernos liberado de Caco, tradición que seguís manteniendo vosotros, pero parece que Hércules, en vuestro caso, ha sucumbido ante Baco. Mi familia participará este año en la ceremonia y en la procesión de las antorchas, donde me gustaría que nos acompañaras.

Me preguntas por la pobreza y cómo afecta al espíritu el carecer de bienes. Entenderás que la honesta pobreza es algo alegre y que, siendo alegre, no es pobreza; el que con ella se entiende bien, ese solo es rico, y no es solo pobre el que tiene poco, sino el que más desea. Aprovecha poco al avaricioso lo que tiene guardado bajo llave y en su casa, las cantidades de propiedades y de personas que trabajan para él, si aún desea lo ajeno y tiene la cabeza no en lo que tiene, sino en lo que codicia tener. Me preguntaste cuál es el término de la riqueza, lo primero es tener lo necesario y lo segundo poseer lo suficiente. No habrá quien pueda disfrutar de una vida tranquila mientras solo se preocupe de aumentar su capital y nada aprovechará a quien lo posea si no está dispuesto a perderlo todo.

De acuerdo con la naturaleza, se considera rico a aquel que goza de una compuesta pobreza, pues aquella se conforma con no sufrir hambre ni sed ni frío. Y para conseguir esto no hay que doblegarse ante los poderosos ni rebuscar en lugares lejanos ni haber nacido hijo de una divinidad, pues con facilidad se encuentra lo que pide la naturaleza.

Para lo superfluo e inútil se suda, y es lo que nos hace consumir la vida en vanas esperanzas y apartarnos del camino. Porque lo suficiente para la vida con facilidad se halla; siendo rico aquel que se entiende con la pobreza, contentándose con una honesta moderación. El que no se contente con lo que tiene, aunque se vea dueño del mundo, se tendrá por infeliz. Si vives conforme a las leyes de la naturaleza, jamás serás pobre; si conforme a la opinión, jamás serás rico. Las buenas acciones engrandecen el ánimo, las riquezas generan desvergüenza.

No hay cosa más propia del hombre como el no tener lo que pueda desear; en tu cuerpo hay poco que llevarse, pues nadie derramará tu sangre solo por verla brotar; el ladrón deja pasar al pobre pasajero, que incluso en los caminos peligrosos encontrará seguridad. No te desaconsejo que mantengas tus posesiones, pero deberías poseerlas sin recelos, lo cual conseguirás si te das cuenta de que puedes vivir sin tenerlas y si las recibes como cosas pasajeras, apartándote de los que te buscan no por quién eres, sino por lo que tienes. La pobreza debe ser amada, porque te muestra quien te ama realmente.

***

Warren

Te agradezco la invitación, no dudes de que te honraré con mi presencia durante las celebraciones en Roma.

Gracias por tus palabras, las comparto plenamente y me son de gran ayuda, porque ratifican mis pensamientos. Creo que, además, yo añadiría una frase que repito con frecuencia, pero parece que muchos no entienden o no quieren entender: «Todo lo que tengo me ha llegado sin buscarlo». Así que se mantienen en la terquedad y en la codicia de lo material, que les hace malgastar sus vidas.

Tengo ahora una inquietud más importante que las planteadas en el pasado. Perdona por abrumarte con mis dudas, pero mi confianza plena en tu sabiduría me hace acercarme a ti en busca de tus palabras y de tus consejos. Durante años he sido capitán, pero ahora creo necesario colaborar como marinero y medito acerca de cómo hacerlo. Soy remiso a abandonar la vida activa por completo, más bien diría que no lo deseo en absoluto; algunas de mis capacidades menguan con los días, pero otras aumentan. ¿Crees que no hay actividades en las que los ya mayores podamos colaborar con nuestro intelecto cuando nuestros cuerpos ya son débiles?

***

Espero poder mitigar tus inquietudes.

Nos han gobernado de poca estatura algunos, sin extremidades otros, uno ciego, con ojos claros los menos, los tuvimos gordos, muy jóvenes en algún caso, y algunos ha sido llamados del retiro por la urgencia, pero todos gobernaron por la fuerza de su mente, no por la de su brazo. Por lo tanto, no hay razón para abandonar la actividad pública por la edad. Esto es como si alguien dijera que el timonel no colabora en el gobierno del barco porque, mientras otros suben por el mástil a arriar las velas, otros se esfuerzan para tensar las cuerdas y otros vacían apresuradamente el agua de la sentina, él se mantiene sentado al timón. Él no hace lo que hacen los jóvenes, pero su trabajo es mejor y más importante.

Los grandes problemas de la vida no se resuelven con fuerza física ni con actividad ni con agilidad del cuerpo, sino por reflexión, carácter y prudencia, virtudes no exclusivas de los de mayor edad, pero que es más frecuente encontrar al avanzar los años. A ti, como ejemplo, que has trabajado desde tu infancia, no se te debe apartar porque a tus años no puedas cargar pesos con tus brazos o porque no tengas ya disposición para viajar sin descanso; que escuchen tus palabras acerca de lo que hacer y cómo hacerlo.

En Esparta, aquellos que ostentaban las más altas magistraturas serían tus mayores, lo que hoy llamaríamos ancianos.

Si la curiosidad te llama a conocer la historia de otros países, verás que poderosos Estados y grandes empresas han sido llevados a la catástrofe por jóvenes, habiendo sido rescatados por los mayores. La precipitación es la marca del joven y la prudencia la del viejo.

Dicen que la memoria merma con los años. No hay duda, a no ser que la ejercites con frecuencia o la naturaleza te haya regalado una inmarcesible. Por mi parte, no solo conozco la generación presente, sino a también a sus padres y a sus abuelos. No temo perder la memoria por leer lápidas, en contra de la superstición; al contrario, leyéndolas refresco la memoria con los nombres de los que se han ido. De hecho, no conozco a ningún hombre mayor que haya olvidado dónde guarda el dinero. Recuerdan todo lo que les interesa: reuniones de negocios, quién les debe dinero y a quién le deben dinero. Piensa acerca de los abogados, jueces, médicos, profesores, filósofos o escritores cuando son mayores. ¡Qué gran cantidad de conocimiento atesoran! Los mayores retienen su intelecto con solo mantener su mente activa y en algún trabajo. Y no solo es el caso de grandes profesiones o importantes responsabilidades, sino que también es aplicable a la vida privada y a tranquilas actividades.

Sófocles compuso tragedias hasta bien entrado en la ancianidad, y los hijos, temiendo que se perdiera su fortuna por su devoción al arte, lo llevaron ante el juez para quitarle la administración de sus propiedades bajo la acusación de demencia, lo mismo que sucede hoy en día si un médico acredita la enfermedad. En el juicio, Sófocles leyó ante el tribunal la obra que había terminado esos días, *Edipo en Colono*, y les preguntó si creían que esa obra estaba escrita por un demente. El veredicto fue que era inocente.

Por lo tanto, no temas seguir colaborando mientras las fuerzas te acompañen.